Horst Künnemann

Einmal Bali und zurück

Von Geistern, Haien und Vulkanen

Rowohlt

Redaktion Ralf Schweikart

Originalausgabe
Veröffentlicht im Rowohlt Taschenbuch
Verlag GmbH, Reinbek bei Hamburg,
September 1998
Copyright © 1998 by Rowohlt Taschenbuch
Verlag GmbH, Reinbek bei Hamburg
Umschlagfoto und Innenillustration
Horst Künnemann
Umschlaggestaltung Barbara Hanke
Alle Rechte vorbehalten
Satz Berling PostScript, QuarkXPress 3.32
Gesamtherstellung Clausen & Bosse, Leck
Printed in Germany
ISBN 3 499 20931 4

Die Schreibweise entspricht den Regeln
der neuen Rechtschreibung.

Inhalt

Rauf und runter 11
Hamburg/Denpasar, den 24. Oktober

Unterwegs in Bali 14
Denpasar, den 26. Oktober

Kleine Strandwanderung 20
Kuta/Legian, den 28. Oktober

Ganz hübsch hässlich: Masken und Dämonen 23
Ubud, den 2. November

Kopf-Arbeit 31
Klungkung, den 10. November

120 Delphine 36
Lovina Beach, den 12. November

**Kinderleben in Bali –
mit und ohne befeilte Zähne** 44
Gilimanuk, den 15. November

Kinderspiele – Spielen und spielen lassen 53
Gilimanuk, den 16. November

Vögel aus Holz und Beton 59
Kuta/Legian, den 19. November

«Wayang Kulit» – Wenn die Puppen tanzen 63
Tanah Lot, den 21. November

Baden und schwimmen – gar nicht so einfach! 68
Kuta/Legian, den 23. November

Im Urwald 72
Bali Barat, den 25. November

**Indonesiens Tiere,
ein größeres Stück über Bali hinaus ...** 75
Bali Barat (West-Bali), den 28. November

Ganz große Fische 84
Bali Barat (West-Bali), den 29. November

Untergetaucht 87
Gilimanuk, den 5. Dezember

Haie, Haie, Menschenfresser 92
Lovina Beach, den 8. Dezember

**Fressen und gefressen werden –
12 Haifischgeschichten in 24 Sätzen** 96
Lovina Beach, den 9. Dezember

Haie sind besser als ihr Ruf 99
Singarajah, den 11. Dezember

Über Haie, letzter Teil 105
Singarajah, den 13. Dezember

Nachschlag für die Haie 113
Singarajah, den 13. Dezember

Nachts einen Vulkan besteigen 115
Am Fuße des Batur, den 15. Dezember

Noch 'n Vulkan: Gunung Agung 120
Besaki, den 17. Dezember

Fahrt zum Krakatau – dem Killervulkan 128
Besaki, den 19. Dezember

Weiter geht's mit den Killervulkanen 137
Besaki, den 20. Dezember

Schöner Tod.
Wie die Balinesen das Lebensende feiern 143
Denpasar, den 21. Dezember

Der Charme der Wartehalle 148
Denpasar, den 22. Dezember

Was ich so alles in den Rucksack stecke 151

Glossar 152

Sprachführer 155

Kleine Hai- und Vulkan-Bücherei 157

Rauf und runter

Hamburg/Denpasar, den 24. Oktober

Mein lieber Sohn,
wahrscheinlich fragst du dich, warum der Alte ausgerechnet nach Bali fliegen muss? Selbst wenn du auf eine mickrige Weltkarte schaust, erkennst du, dass Bali wirklich sehr weit weg liegt. Dahin verreisen wohl nur die Leute, die schon sämtliche dazwischenliegenden Orte abgeklappert haben. Oder diejenigen, die etwas ganz Besonderes suchen.

In meinem Lexikon findest du unter dem Stichwort Bali kurz und knapp: «Sundainsel östlich von Java, Indonesien, 5501 km^2, 2,75 Millionen Einwohner, Hauptstadt Singaraja, Vulkane.» Mittlerweile heißt die neue Hauptstadt Denpasar. Und das mit den Vulkanen hört sich natürlich spannend an. Aber allein deshalb so weit zu fliegen?

Nimmst du noch ein bebildertes Nachschlagewerk zur Hand, siehst du vielleicht Fotos von dir seltsam erscheinenden Tempeln. Vor den Eingängen stehen aus Stein gehauene Dämonen, die dich mit irre weit aufgerissenen Augen und Fletschmäulern mit langen Zähnen und noch länger herausbaumelnden Zungen anstarren. Über 20 000 Tempel gibt es allein auf der doch recht kleinen Insel. Und überall triffst du auf diese Masken und Mäuler und Zähne und Glotzaugen.

Dann guckst du in Reiseprospekte, und dir wird vorgeschwärmt, wie herrlich warm es auf Bali ist, durchschnittlich über 25 Grad Celsius. Da wäre Schluss mit dem leidigen Schulalltag. Es gäbe täglich hitzefrei, und je nach Lust und

Laune könntest du die gewonnene Freizeit am Strand verbringen oder in den kühlen Wäldern. Wäre doch eine gute Idee, einfach mal hinzureisen?

Das will gut überlegt sein. Impfen muss man sich lassen: gegen Cholera, Typhus und Hepatitis. Es müssen Tabletten gekauft und geschluckt werden, gegen Paratyphus und Malaria. In die Tropen zu fliegen ist eben etwas anderes, als nach Dänemark, Österreich oder nach Mallorca zu brausen.

Dann müssen alle Papiere in Ordnung sein: Reisepass, internationaler Führerschein, Impfpass, Flugtickets. Ein paar deutsche Mark müssen gegen indonesische Rupiahs eingetauscht, für später Reiseschecks gekauft werden. Nicht zu vergessen: Rucksack packen. Schließlich auf den Flugplatz fahren, Luft einziehen, Luft anhalten, durchstarten wie bei Janoschs «Popov und Piezke» – und losfliegen.

Es ist eine tolle und zugleich verrückte Sache: Kaum sitzt du in solch einer Maschine, schon musst du nonstop kauen und schlucken. Die Fluggesellschaften haben wohl alle den Eindruck, dass sich die Passagiere nach einem tagelangen Hungermarsch durch die Wüste in ihre Maschine gerettet haben.

Jedenfalls, kaum hat das Flugzeug die gewünschte Flughöhe erreicht, geht's los: Die Stewards und die Purcerinnen, so nennt man die Chefstewardessen, schieben niedliche kleine Wagen durch den Mittelgang. Die Wagen sind knallvoll beladen mit warmen und kalten Speisen, Saft, Selters, auch Bier und Sekt, klar. Und am nächsten Flugplatz lassen sie die Maschine nicht eher runter, bis das nicht alles, ratzfatz, aufgegessen und ausgetrunken ist. Zwischendurch und hintendrein kriegen die Großen noch Kaffee oder Tee, manche auch einen

Cognac. Kindern wird noch ein weiterer Saft oder Obstsalat angeboten.

Einige Flugzeuge – verheißt die Werbung – haben extra weite und breite Sitze. Ich weiß inzwischen auch, warum: damit die Leute nicht auf den Sitzen platzen und den Innenraum des stählernen Vogels versauen. Schließlich warten am Ziel schon die nächsten Fluggäste – auf ihr Essen. Ist doch klar wie Kloßbrühe!

Bis bald
dein lieber Vater

Unterwegs in Bali

Denpasar, den 26. Oktober

Lieber Tim,
Bemos sind Kleinbusse meist japanischer Herkunft. In Indonesien stellen sie eines der volkstümlichsten Verkehrsmittel dar. Mit Bemos kommen die Menschen von einem Ort zum anderen, von zu Hause zum Markt und wieder zurück, vom Dorf in die Stadt, aus der Stadt hinaus und wieder retour aufs Dorf. Bemos werden rechts gesteuert, denn auf Bali, wie in ganz Indonesien, herrscht Linksverkehr.

Wenn du im Erdkunde-Unterricht aufgepasst hast, weißt du längst, dass das in Schweden früher auch so war. Und in Großbritannien, in Australien, in Indien und in Südafrika geht's noch immer nach dieser Verkehrsregel.

In ein Bemo passen normalerweise etwa acht bis zehn Personen, mit Taschen, kleinen und größeren Beuteln, Rucksäcken. Weil hier aber normal nicht gleich «normal» ist, werden die Sitzbänke hinter der Fahrerbank längs aufgestellt. Und zack – schon passen doppelt so viele Personen ins Gefährt! Zwölf oder 15 oder vielleicht auch 20. Und nicht nur sie, sondern auch Kartons verschiedenster Größe, Marktkörbe und Kiepen, schwere Säcke mit Reis, Bündel aus lebenden Hühnern, die einfach an den Füßen zusammengebunden sind und, mit dem Kopf nach unten hängend, zum Markt gebracht werden oder in den eigenen Stall – oder im Kochtopf landen. Von Tierschutz haben sie in Indonesien noch nicht so viel gehört. Manchmal dürfen auch lebende Ziegen oder ein kleines Hängebauchschwein mitfahren. Sitzplätze kriegen die natürlich nicht angeboten!

Im Bemo sitzen, stehen und hocken die Leute verrenkt und verdreht, das kannst du dir kaum vorstellen. Also auch auf dem Boden, zwischen den Bänken, auf klitzekleinen Nothockern oder stehend mit eingezogenem Kopf, denn das Minibus-Dach ist nicht sehr hoch. Die Schiebetür ist meistens offen, sodass weitere Passagiere sogar noch auf den Einstiegsstufen sitzen. Dazwischen hängt, die meiste Zeit halb im Freien, so eine Art Assistent, Beifahrer und Fahrgeld-Eintreiber in einem. Mit der einen Hand umklammert er den Türrahmen, mit der anderen Wechselgeld-Scheine. Während der Bus bei Haltepunkten etwas langsamer wird, winkt er mit dieser halb vollen, halb freien Hand mögliche weitere Fahrgäste heran.

Sind anfangs nur acht bis zehn Leute im Bus, dreht er auf den Marktplätzen der Dörfer noch einige Ehrenrunden, damit das Gefährt ja schön voll wird und sich die Weiterfahrt wirklich lohnt. Der Fahr-Assi ruft dabei das Reiseziel aus,

für Leute etwa, die nicht lesen können, was vorn auf der Stirnseite oder auf der Windschutzscheibe geschrieben steht.

Ein Bemo ist erst dann ein Bemo, wenn es so richtig schön quetschig und rammeldick voll ist. Gibt es bei den Fahrgästen irgendwelche Zustiegsprobleme, so winkt der Fahrgeld-Kassierer den schon innen Sitzenden sehr energisch zu, gefälligst noch enger, ganz hübsch eng, so ist es schön! zusammenzurücken. Die Allerletzten werden dann mit sanfter Gewalt hineingepresst. Die Leute ächzen zwar zuerst, aber sie sind daran gewöhnt. Die Mutigsten hängen halb aus dem Wagen heraus. Und die malträtierten Hühner gackern dazu immer aufgeregter. Nun geht's richtig los ...

Wer das nötige Kleingeld hat, kann im Bemo mitfahren. Ich als Touri natürlich auch. Wenn du obendrein etwas Ahnung von der Sprache hast und einige Zahlen und ein paar Wörter beherrschst, zahlst du annähernd den Preis der Einheimischen. Wenn du völlig Bali-unerfahren bist, kein Wort verstehst und mit Händen und Füßen reden musst, zieht dich der Kassierer ganz schön über den Tisch. Das ist nur so ein bildhafter Vergleich, denn für einen Tisch ist im Bemo nun wahrlich kein Platz!

Für die Touristen gibt es in Bali Extrafahrzeuge. Kleine Busse mit sechs bis acht Sitzen und große moderne Reisebusse mit Klimaanlagen, alles picobello sauber, «clean and tidy», wie sie im Englischen sagen. Die Fenster müssen immer hübsch geschlossen bleiben, sonst funktioniert die Klimaanlage nicht. Und Hühner oder Entenküken dürfen auch nicht mit. Die würden da drinnen ja auch eine ganz schöne Gänsehaut bekommen.

Gewöhnlich ist es in diesen Fahrzeugen viel langweiliger. Im Bemo hingegen ist immer Stimmung. Ein Bordradio oder ein Transistorradio oder ein Tapedeck sind in Aktion, bis zum Anschlag aufgedreht. Alle Fenster sind runtergekurbelt. Die Arme kannst du rausbaumeln lassen; wenn du mutig bist, steckst du den Kopf hinterher. Aber Vorsicht! – So schmeckst, riechst und hörst du Bali live.

Die armen Touristen in ihren stinkfeinen Bussen oder Lasttaxis hingegen hocken wie im Aquarium. Das Land rauscht an ihnen vorbei wie im Fernsehen. Eigentlich hätten sie auch gleich daheim bleiben können. Das sehen die aber anders und reisen trotzdem nach Bali. Na schön, aber nicht mit mir.

Das Bemo tobt längst über die Landstraßen dahin. Bemos werden immer mit Vollgas gefahren, aus Prinzip. Hohe Ge-

schwindigkeit bedeutet, früher am Ziel zu sein. Zeit ist Geld. Und Bemos sind eben keine Vergnügungskutschen, mit denen du geruhsame Spazierfahrten unternimmst. Je mehr Fahrten am Tage erledigt werden, desto mehr Geld kommt rein.

Die Leute schwatzen vergnügt miteinander. Viele kennen einander. Mädchen und Jungen fahren morgens oft mit dem Bemo zur Schule, mittags heim und manchmal auch nachmittags wieder zurück.

Ab und zu muss das Bemo auch mal scharf bremsen. Dann werden die Leute noch enger zusammengeschoben, aber das nehmen sie meist mit viel Humor. Dazu dröhnt aus dem Ghetto-Blaster alles, was es nur gibt: Rock und Reggae, amerikanische Evergreens und westliche wie indonesische Liebes-, Sehnsuchts- und Heimwehschnulzen, indische und japanische Filmmusik. Bali ist eben international ...

Wenn du mit den Einheimischen länger unterwegs bist, sprechen sie dich an, wollen wissen, wie du heißt, wie alt du bist, wo du hinwillst, ob du Geschwister hast und ob dir Bali gefällt. Schon dafür brauchst du einfach einige Worte Indonesisch im Gepäck, sonst verstehst du nur Bahnhof und kannst höchstens blöde zurücklächeln. Und natürlich freuen sich die Balinesen, erwidern deinen Gruß, wenn du «Guten Morgen», «Guten Tag» oder «Auf Wiedersehen» sagst. Natürlich nicht auf Deutsch, Mensch! Sondern in «Bahassa Indonesia»: «Selamat pagi», «selamat siang», «selamat sore».

Selamat sore,
dein Horst

Kleine Strandwanderung
Kuta / Legian, den 28. Oktober

Lieber Sohn,
klar doch, dass du hier am Strand entlangspazieren und sammeln kannst, was dir gefällt. Doch Vorsicht! Ich fürchte, die Hosentaschen von normalen Shorts reichen nicht aus. Am besten, du nimmst dir gleich eine größere Plastiktüte mit. Aussortieren und wieder wegschmeißen kannst du ja danach immer noch.

Um mit den Muscheln anzufangen: Die sehen hier anders aus, sind in der Regel dicker, haben andere Muster, Riffelungen und Strukturen. Die Einheimischen sammeln sie auch. Noch lieber tauchen sie und holen die schönsten Stücke aus den Korallenriffen hoch, polieren sie, um sie anschließend zu einem guten Preis als Souvenir an die Touristen zu verscherbeln. Das bleibt natürlich für die Umwelt nicht folgenlos. Deshalb hat die Naturschutzbehörde wenigstens in den größeren Marine- und Nationalparks streng verboten, nach Muscheln, Schnecken und anderem Seegetier, etwa Seesternen und Seeigeln, zu tauchen, sie zu sammeln oder zu verkaufen.

Das trifft natürlich nicht auf die am Strand herumliegenden Reste zu. Auch nicht auf die angeschwemmten kalkweißen Korallenbrocken. Von denen hab ich nie ge-

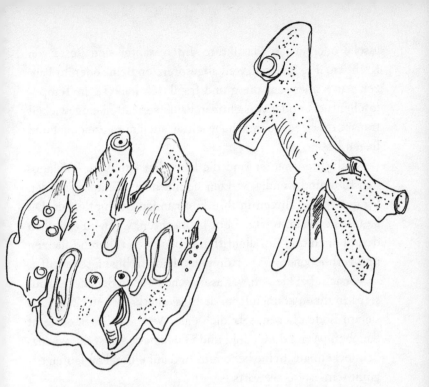

nug kriegen können. Vor allem die Stücke mit Löchern an der Seite oder in der Mitte. Die eignen sich bestens zum Auffädeln, um Ketten, Ohrhänger oder Armbänder für Freunde herzustellen. Aber ja, wenn sie besonders ausgefallen sind, können sogar Jungs sie tragen!

Seltener zu finden sind blut- oder weinrote Korallentrümmer. Und noch rarer ist glänzendes Perlmutt. Die balinesischen Kunsthandwerker machen aus ihnen unglaublich dekorative Schmuckstücke. Aufpoliert sehen sie «echt schau» aus, wie der Berliner sagt.

Ganz dünne Muschel- und Schneckenreste lohnt es sich eigentlich nicht zu sammeln. Sie zerbröseln dir in der Hosentasche oder in der Plastiktüte. Interessanter sind Reste von Krabben, ihre Scheren, weit abgespreizten Beine oder ihr Panzer. Auch alles sehr dünn und fragil. Ich habe sie in Tempotaschentücher oder vorsichtig in Papierservietten eingewickelt transportiert. Manchmal habe ich sie auch nur gezeichnet und liegen lassen.

Noch interessanter sind die lebenden Krabben. Unglaublich flink und wendig, wetzen sie mit irrem Tempo über den Strand – oder flitzen in ihre kreisrunden Schlupflöcher. Du kannst sie am besten bei Ebbe beobachten, wenn du zwischen den Steinen und Korallenriffen neben noch tolleren Pflanzen und verbliebenen Wassertümpeln kleine farbige Fische triffst.

Vorsicht bei kleinen, verlassen scheinenden Schneckenhäusern! In ihnen können lebende Einsiedlerkrebse stecken. Lass sie am Boden liegen, setz dich eine Weile ein Stück entfernt daneben. Wenn du Geduld und Glück hast, siehst du, wie das Schneckenhaus Beine bekommt und auf einmal zu laufen beginnt – meistens seewärts.

Noch ein Tipp, was du mit deinen Fundstücken machen kannst – wieder ins Meer zurückschmeißen ...

In diesem Sinne beste Wünsche
und Grüße von
deinem Horst

Ganz hübsch hässlich:
Masken und Dämonen

Ubud, den 2. November

Lieber Tim,
heute soll's mal etwas finsterer zugehen, denn immer nur von Sonne, Strand und Eiapopeia zu schwatzen ist auf Dauer öde und langweilig. Was dir auffällt, wenn du einen dieser schönfarbigen Kataloge und Reiseprospekte aufschlägst: In Bali gibt es liebliche Reislandschaften, dahinter Kokospalmen und kleine Flecken von Urwald. Der Himmel scheint ewig blau zu sein. Deshalb wohl reisen da so viele Leute hin.

Doch wenn du dann Bilder von Tempeln siehst oder Fotos von Tänzen, dann starren dich sofort die unglaublichsten Fratzen, die verzerrtesten Gesichter an. Die kriegst du nicht mal zustande, wenn du dich vor den Spiegel stellst und mit den Fingern die Mundwinkel runterzerrst, Schielaugen machst oder die Stirn in Falten legst. Solche Visagen können nur mit Masken geschaffen werden.

Bist du dann hier auf der Insel gelandet und besuchst die ersten Tempel, geht's richtig los! Weil es allein auf Bali 20000 Tempel gibt, kannst du dir vorstellen, was dir da alles begegnet.

Schon am Eingang des Tempels in Ubud jagen dir die ersten Masken einen gehörigen Schrecken ein: Vor dir stehen Wächter, aus Stein gemeißelt oder in Beton gegossen, und halten ein großes Messer, Kris genannt, in der Hand. Andere haben sich locker eine Keule über die Schulter geschwungen, wie einen Baseballschläger. Wieder andere tragen Speere und Lanzen. Blick ihnen ins Gesicht, und dir wird ganz anders. Da rollen dich riesig aufgerissene Glotze-Augen an, und die Zähne sind gefletscht, dass dir angst und bange werden kann. Gut, dass es sich nur um Standbilder handelt, sonst hättest du bestimmt nichts mehr zu lachen.

Bis du durch das seltsam gespaltene Tor in den Tempel hineingelangst, spazierst du durch Innenhöfe. Dort geht es wüst weiter. Über den Torbögen, an den Tempelfassaden, überall starren dich grimmige Gesichter an. Und deren Mäuler sind noch wilder verzerrt. Reißzähne zeigen sich, stehen nach oben, nach unten, und die Augen quellen aus dem Kopf, als würden sie gleich vom Kopf abspringen. Nicht genug, dass vielleicht ein Riesenmaul überm Toreingang klafft, nein, gleich daneben, manchmal sogar noch in zwei, drei weiteren Reihen, stehen immer wieder dieselben Köpfe, wieder und wieder gemeißelt und gegossen.

Ich will ja nichts gegen den Glauben und die Religion anderer Menschen sagen, aber selbst bei strahlendem Sonnenschein ist ein Spaziergang durch den Tempel ungefähr so beruhigend wie eine Fahrt mit der Geisterbahn. Nur dass es hier nicht duster und nächtlich zugeht, sondern alles im hellen Tageslicht auf dich wirkt. Wer hier nachts, bei Vollmond etwa oder bei vorbeiziehenden Wolken, im Dunklen herkommt, muss schon Nerven wie Drahtseile haben!

Du fragst dich vielleicht, warum sich die Balinesen täglich selbst in Angst und Schrecken zu versetzen scheinen. Das hängt mit ihrer Religion zusammen. Die wurde mal vor vielen Jahrhunderten aus Indien übernommen und heißt Hinduismus. Mit abendländischem Glauben und Religion hat der

Hinduismus durchaus Ähnlichkeit, denn er unterscheidet klar, was gut ist und was böse. Ich habe ganz den Eindruck, die böse Seite hat dabei mehr abgekriegt.

Die wilden Fratzen an den Tempelwänden hängen nicht nur still, sondern geraten in Bewegung. Auf Bali gibt es eine Vielzahl verschiedener Tänze. In denen werden Geschichten von früher erzählt, von alten Helden, die wegen einer schönen Frau miteinander in Streit gerieten. Und da mischen sich immer wieder die Götter und Geister, die Dämonen, ein. So kannst du abends bei vielen Tanzveranstaltungen die Fratzen und Grimassen vom Tempel wieder entdecken, hinter denen sich, in üppige Kostüme gesteckt, menschliche Geister verbergen und springen, hüpfen, singen.

Ich habe viele solcher Tänze gesehen, sehr aufregend und sehr fremd das Ganze. Die Dämonen mit zum Teil riesigen Masken toben wild umher; zudem sind die Masken auch noch in tollsten Farben bemalt. Schwarz und weiß und blutrot. Und beim Schein von Fackeln oder von Petroleumlampen oder auch elektrischen Punktstrahlern macht das alles einen ungeheuren Eindruck! Dazu kommen noch die sehr eigentümliche Gamelan-Musik, fliegende Haare, wallende Gewänder und wilde Bewegungen, wenn Waffen gezückt werden. Toll!

Ich habe die ganze Zeit größte Schwierigkeiten damit gehabt, die Guten von den Bösen zu unterscheiden. Zwar stand auf dem Programmzettel, wie die Gestalten heißen und was ihre Taten oder Untaten waren. Aber auch später, als ich in schlauen Reiseführern und Büchern über Bali nachlas, was es mit den Masken, den bösen und den guten Geistern und Göttern auf sich hat, bin ich nicht viel schlauer geworden. Damit war ich natürlich nicht zufrieden.

Ich habe dann im Ort Ubud einen Souvenirladen aufgesucht, um mir einzelne aus Holz geschnitzte Masken näher anzusehen. Die kann man dort nämlich kaufen. Wenn du Ausdauer hast und Zeit mitbringst, bekommst du alle Masken zu einem günstigen Preis. Aber zahl nicht gleich den ersten, den der Händler dir nennt, sonst ist dein Sparschwein schnell leer. Dann lachen sie sich ins Fäustchen und halten dich zu Recht für einen Blödmann. Denn gehandelt werden muss! Das gehört hier zu den Spielregeln. Es ist eben anders als bei uns im Kaufhaus oder Supermarkt.

Bei einer früheren Tour fragte ich die Händler, warum die meisten Masken so grässlich und Grauen erregend aussehen. Sie stellten mir die Gegenfrage, ob sie der bösen Hexe Ragna etwa ein hübsches Äußeres verleihen sollten. So wie einem Fotomodell aus einem Magazin? Nein. Aber warum eigentlich nicht?

Da schüttelten sie nur den Kopf über so viel Unverständnis. Um ihnen meinen Mut unter Beweis zu stellen, kaufte ich eine besonders furchterregend anmutende Hexe. Sie hat nur ein mächtiges Glotzauge mitten auf der Stirn, aber zumindest ihr überdimensional vergrößertes Gebiss wäre mit einer kieferorthopädischen Behandlung garantiert wieder in Schuss zu bringen. Ich habe sie gleich neben die Wohnungstür gehängt, muss sie da wohl wieder wegnehmen. Denn als letztes Mal der Geldbriefträger kam, ist er bei ihrem Anblick vor Schreck fast die Treppe rückwärts runtergefallen. So weit reicht die Wirkung der Schreckensgeister aus Bali.

Eine etwas sanfter dreinblickende Affenmaske, die ich in einem anderen Laden gekauft habe, stellt eines der Kinder des Affengottes Hanuman dar. Wenn ich sie mir umbinde, was öfter mal vorkommt, habe ich den Eindruck, mir werden die Arme immer länger und hinten aus der Hose wächst mir ein langer Greifschwanz. Sind zufällig Freunde zu Besuch gekommen, hocke ich schon in gebückter Haltung da, hopse ohne Warnung umher, versuche, die Freunde zu lausen oder sonstwie zu necken, bis sie kreischend rufen, ich solle doch die verdammte Maske ablegen, ich sei so schon irre genug.

Du siehst, eine solch scheinbar harmlose Maske verändert das Verhalten, vielleicht auch den Charakter des Menschen, der sie anlegt und in eine andere Rolle schlüpft.

In den Souvenirgeschäften waren alle sehr freundlich zu mir. Ich habe Stunden dort verbracht, mit den Besitzern oder Verkäuferinnen geschwatzt und alle möglichen Masken gezeichnet und abgemalt. Dabei schielten mir die Balinesen über die Schulter. Und weil sie höfliche Menschen sind, reckten sie meist den Daumen nach oben und äußerten lobende Worte: «Mach nur weiter so, Alter. Alles wieder zu erkennen.»

Dabei habe ich auch ein wenig meine Ängste vor diesen symbolträchtigen Holzschnitzereien überwunden.

Dazu ist mir etwas eingefallen: Alle Menschen träumen, natürlich auch die Balinesen. Wenn w i r schon zermürbende Albträume haben, wie wüst müssen dann ihre mit all den Geistern und ergrimmten Dämonen sein! Wenn sie aber bei Tageslicht darangehen, all die nächtlichen Fratzen und Grimassen in Holz, Stein oder Beton nachzuformen, legt sich der innere Druck etwas. Sie schieben die Geister und Dämonen auf Abstand. Und wenn sie sich gar die Masken umbinden, zu zweit oder zu dritt unter die mächtige Barong-Verkleidung

mit der riesigen Gesichtsmaske schlüpfen, um zu tanzen und zu spielen, kriegen sie ihre Ängste und Albträume allmählich in den Griff.

Du erkennst: Alles nur halb so schlimm!

In diesem Sinne grüßt dich
dein Horst

PS: Und wenn ich wieder zu Hause bin, kannst du dir natürlich alle neuen Masken aufsetzen. Probehalber, wenn du willst.

Kopf-Arbeit
Klungkung, den 10. November

Lieber Tim,
heute liegt im Umschlag zusätzlich eine Postkarte. Darauf zu sehen ist eine balinesische Frau, die Opfergaben in den Tempel trägt. Sie hat ihre schönste Festtagskleidung angezogen, einen knöchellangen Rock mit einer eng anliegenden Bluse. Dazu sind ihre Haare besonders sorgfältig zurückgelegt. Sie ist stärker geschminkt als sonst. Du kannst leicht erkennen, ihre Kopflast ragt fast höher, als sie selbst groß ist. Trotzdem scheint sie ganz locker dahinzuschreiten. Keine Probleme mit dem Gleichgewicht, keine Angst, dass ihr der kunstvolle Aufbau verrutscht, gar umkippt oder runterknallt. Hinter ihr stehen noch viele andere Frauen. Alle toll angezogen, geschminkt, die Opfergaben teilweise noch höher aufgetürmt. Unglaublich.

Wozu das alles? Das Jahr der Balinesen richtet sich nach bestimmten Festen, an denen den Göttern Opfer dargebracht werden. Sie sollen die Inselbewohner vor den Dämonen und bösen Geistern schützen. Schon morgens werden vor den Wohnungen und Hauseingängen kleine Opferschalen mit Blüten und einigen Reiskörnern hingelegt. Die Schalen sind am Vorabend kunstvoll aus schlanken Blättern geflochten worden und in jedem Ort verschieden.

Würde bei uns hierzulande auch so viel Zeit für Zeremonien und feierliche Umzüge aufgewendet werden, wäre längst das ganze Arbeitssystem zusammengebrochen.

Auch in Bali ist das inzwischen zum Problem geworden, denn manche hohen Feiertage ziehen sich gleich über eine halbe oder ganze Woche hin. Da bleiben die Geschäfte geschlossen; Bemos, Bejaks und Busse fahren nur ab und zu. In kleinen und mittleren Betrieben ruht die Arbeit. Deshalb haben manche Firmen und Werkstätten, auch Hotels und größere Geschäfte Menschen anderer Religionen, in denen weniger Fest- und Feiertage begangen werden, von den benachbarten Inseln geholt. «Gastarbeiter» gibt's also auch innerhalb Indonesiens.

Aber bleiben wir bei den «Kopf-Arbeiterinnen». Wir schleppen uns mit Taschen, Beuteln und Rucksäcken ab und bekommen lange Arme oder einen kaputten Rücken. Die Menschen hier tragen fast alles auf dem Kopf. Ackergeräte und Tagesverpflegung, wenn sie als Bauern und Landleute morgens aufs Feld ziehen. Holzbündel, Bambusstangen, geerntetes Gemüse, große Heu- und Grasbündel, wenn sie abends wieder nach Hause gehen. Ähnlich ist es bei den Fischern, wenn der nächtliche Fang gut war. Die kleinen Fische kommen in Körbe; der

Korb wird auf den Kopf gehievt – und ab zum Markt oder ins Kühlhaus. Ist der Fisch so groß, dass er in keinen Korb mehr passt: zack, rauf auf den Kopf.

Soweit ich das beobachten konnte, tragen Frauen mehr als Männer. Das hängt bestimmt nicht nur damit zusammen, dass sie einen besseren Gleichgewichtssinn haben. Oft sind die Lasten so schwer, dass noch eine zweite Person den Korb oder mordsschweren Reissack mit hochhieven muss.

Ohne Kopf läuft hier nichts!

Du kannst ja selbst mal probieren, wie sich das anfühlt, wenn du etwas auf dem Kopf transportierst. Am besten fängst du damit an, wenn keiner zu Hause ist. Dann kann dich niemand auslachen, wenn dir das Stullenbrett oder das Plastiktablett mit Tellern und Tassen runterscheppert.

Bevor du ans Sonntagsgeschirr gehst, fang mit etwas Leichtem an, irgendeinem Kuscheltier. Fällt das zu Boden, gibt es allerhöchstens eine kleine Fellabschürfung.

Als Nächstes ein Stück Holz, und wenn das nicht runterrutscht, nimm

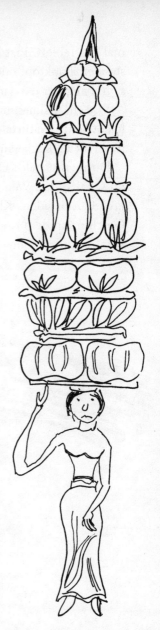

mal ein Tablett. Erst leer, dann pack einen Teller rauf, einen stabilen Trinktopf oder eine dickwandige Müslischale. Langsam. Balancier das ganz vorsichtig.

Wie die Balinesinnen das einüben? Keine Ahnung. Vielleicht sind's Naturtalente. Kaum geboren, können sie schon ihre Nuckelflasche auf dem Kopf balancieren.

Du merkst bald: Ohne Übung wird das nichts. Nur Mut, du schaffst das. Wenn es erst mal klappt, kannst du ja deine Freunde einladen. Kleiner Wettkampf gefällig? Tablett mit Geschirr auf dem Kopf von hier nach da transportieren? Wer schafft's zuerst, ohne eine Katastrophe anzurichten?

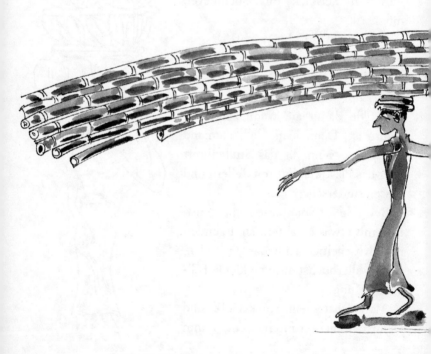

Beim nächsten Mal wird es akrobatisch, mit gefüllten Saftgläsern oder schwappender Suppe im Teller. Lässt sich endlos steigern. Nur damit ihr erahnen könnt, was die Menschen hier so leisten. Weniger zum Nachmachen.

Kleiner Trick zum Schluss: ein Geschirrtuch oder einen trockenen Lappen zu einem Ring zusammendrehen und auf den Kopf legen.

Aber nicht, dass mein ganzes Geschirr hinüber ist, bis ich nach Hause komme!

Auf die Töpfe und Tassen,
dein Horst

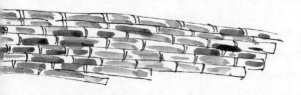

120 Delphine

Lovina Beach, den 12. November

Liebster Tim,
du erinnerst dich, zu Hause wollte ich nie mit dir in die Delphinschau im Tierpark gehen. Wir haben darüber einige Male heftig gestritten, vor allem, als ich zu erklären versuchte, das sei ganz üble Tierschinderei. Die Delphine stehen ständig unter Stress, und dass die Tiertrainer ihnen laufend Fische ins quiekende Maul werfen, kann die winzigen Becken, die einem Knast gleichkommen, bei weitem nicht aufwiegen.

Ich will gar nicht wieder davon anfangen und rumargumentieren: «Stell dir vor, du müsstest in einem engen, umzäunten Käfig leben – oder in einer Hundehütte – oder in einem Delphinarium. Dann würdest du bestimmt anders denken und handeln, mir nicht immer die Ohren voll sülzen, wie toll das Leben der Delphine in der Serie ‹Flipper› ist.» Leider alles Unsinn! Zig Delphine sind bei der Produktion krepiert. Aber das wird den leicht verblendeten Zuschauern natürlich weder gezeigt noch verraten!

Also Schluss mit dem Quatsch! Dafür will ich dir lieber erzählen, was du täglich an einer besonderen Ecke im Norden von Bali erleben kannst, falls du später einmal hierher kommen solltest. Der Ort heißt Lovina, eine lockere Ansammlung von Fischerhütten, Hotels, einigen Restaurants, Kneipen (wo sie von der Laserdisc Videofilme zeigen), Motorrad- und Autovermietungen. Nicht zu vergessen: der Strand mit einer Reihe von Auslegerbooten. Noch wichtiger: das Meer, das sich dahinter bis zum Horizont erstreckt. Dort draußen soll man angeblich regelmäßig Delphine antreffen. Behaupten jedenfalls die Reiseführer.

Das sagen mir auch die Fischer, die mich einladen wollen, mit ihnen ganz früh am Morgen im Auslegerboot hinauszufahren und die Tiere zu beobachten. Der Preis ist sehr vernünftig, wenn auch ein «Fixed Price», wie mir versichert wird. Diesmal also kein Handeln, Feilschen, Preisdrücken.

Ich bleibe misstrauisch, bis eines Morgens ein Kellner aufgeregt an meinen Tisch stürzt, «Dolphins, Dolphins!» ruft und zum Horizont hindeutet.

Tatsächlich, sogar mit bloßem Auge sind sie zu erkennen: Eine ganze Delphinschule zieht dort draußen ihre Bahn. Erst von links nach rechts, anschließend von rechts nach links. Wie beim Schaulaufen auf der Eisbahn.

Durchs Fernglas hole ich sie mir noch näher ran: Spitze Rückenflossen durchschneiden die ruhige See. Silberglänzende Rücken heben sich in blitzschnellen Wellenbewegungen aus dem Wasser, tauchen wieder unter, kommen empor. Einzelne Delphine springen aus den Fluten, halten sich neben ihren Nachbarn, tauchen im spitzen Winkel wieder zurück ins Wasser.

Keine Dressur, keine Dompteure oder Mädchen in Neoprenanzügen auf schnellen Flitzebooten, die Anweisungen geben. Alles Natur.

Nun bin ich doch neugierig. Die Delphine vom Frühstück sind wie bei einer Flottenparade dahingezogen, sind so schnell von einer Seite zur anderen und wieder zurück durchs Wasser gesaust, dass ich kaum die Kaffeetasse absetzen kann. Schon sind sie untergetaucht. Doch bald darauf kommen sie wieder

zum Vorschein, als wollen sie mir stumm zuwinken: «Mensch, komm raus, sieh dir das aus der Nähe an!» Was ich dann auch tue.

Der Fischer sieht mich am nächsten Morgen pünktlich bei seinem Boot. Wir sind natürlich nicht die Einzigen, die hinauswollen. Andere Fischer schieben ebenfalls ihre leichten Auslegerboote ins Wasser, werfen den Außenbordmotor an und tuckern los, Richtung Horizont.

Auslegerboote sind Einbäume; also aus einem einzigen Baumstamm herausgeschlagen, Mango glaube ich zu erinnern. Sie werden aus dem abgesägten Baum mit ganz einfachen Werkzeugen buchstäblich herausgeschnitzt. Das Bootsinnere wird mit speziellen Äxten mit quer gestelltem Axtkopf und etwas angerundeter Klinge ausgehöhlt. Es gibt keinen Konstruktionsplan, keinen Entwurf. Die Bootsbauer haben in jahrhundertealter Tradition die Form des Bootes und die Dicke der Wände förmlich im Kopf. Sie könnten wahrscheinlich auch in finsterster Nacht einen solchen Einbaum fertig stellen, ohne einen falschen Schlag zu führen.

In vielen Ländern der Erde werden solche oder in der Form ähnliche Boote auf Flüssen, Seen und im offenen Meer benutzt. Eine höchst wackelige Angelegenheit, und wer damit nicht von Kindesbeinen an fahren, paddeln oder segeln gelernt hat, fällt schon beim Einstieg ins Wasser. In Indonesien und in der Südsee haben sie deshalb die Auslegerboote erfunden. Der Bootskörper als solches bleibt erhalten. Vorne und hinten, zum Bug und Heck hin, liegen glatte oder auch elegant geschwungene Querstreben, an deren äußeren Enden dicke Bambusstangen festgezurrt oder angelascht werden. Damit erhöht sich die Stabilität des Bootes erheblich. Kentern bei ruhiger See ist ausgeschlossen.

Zu umfangreich, sprich dick, dürfen die Passagiere nicht sein, denn sonst passen sie nicht in den Einbaum. Der Bootskörper sitzt dir so passgenau wie ein Maßanzug.

Also nun los und weiter. Vorbei die Morgenstille. Auch von ferneren Uferstreifen knattern Auslegerboote und einige schnellere Motorjachten heran. «Rushhour», Massenverkehr auf See. Wäre ich ein Delphin, ich würde abtauchen, nicht mehr hochkommen, mich irgendwo in der weiten See verkrümeln.

Wir sind schon eine Stunde unterwegs. Ich habe die Boote gezählt – mehr als 50! Der helle Wahnsinn. Und alle streben sie auf einen bestimmten Punkt zu, als wenn sie dort eine Verabredung hätten. Auch unser Boot nimmt Fahrt darauf zu. Langsam kriecht die Sonne den Horizont empor. Nein, eigentlich springt sie in der Frühe regelrecht in die Höhe – so wie sie abends in Minutenschnelle hinter den Bergen mit den Reisterrassen runterpurzelt. In den Tropen geht das alles sehr viel fixer als bei uns. Helligkeit und Dunkelheit – das ist, als würde ein Kinovorhang auf- und zugezogen.

Nein, mit den Delphinen wird's bei dem Verkehrsgewühl natürlich nichts! So lasse ich die Hände im lauwarmen, kristallklaren Wasser baumeln und schaue, was ich neben der Bootswand unter Wasser erkennen kann. Wo Riffe und Untiefen nur wenige Meter unterm Boot liegen, kannst du wunderschöne, knallbunte Korallenbänke erkennen. Größere Fische schwimmen umher, lassen sich durch den Motorenlärm der Boote kaum stören oder verjagen. Der Bootsführer meint, wenn ich Lust hätte, könnte ich später auf der Rückfahrt an besonders schönen und günstigen Stellen schnorcheln, mir die Unterwasserwelt genauer ansehen.

Noch habe ich die Hoffnung nicht aufgegeben, von den gestrigen Frühstücks-Delphinen einige wieder zu treffen. Vielleicht werden bald die lärmenden Motoren abgestellt. Die Delphine beruhigen sich womöglich, trauen sich wieder heraus. Schließlich haben die Touristen gutes Geld bezahlt, sind, noch schläfrig, vor Tagesanbruch an den Strand gewankt und halb dösig in die Boote geklettert ...

Aber solche Überlegungen interessieren natürlich weder die Fischer noch die Delphine.

Ich blinzle schon etwas sehnsüchtig zur Thermoskanne hinüber, die mit den Plastikbechern und einer dicken Rolle Kekse im vorderen Bugraum verstaut ist, als plötzlich laute Rufe das Motorengeknatter übertönen. In den vorderen Booten erspähe ich bildfüllende Touristen, die wild mit ihren fleischigen Armen herumfuchteln und sich ihre Videokameras vors Auge quetschen.

«Da sind sie ja!», lacht mein Bootsführer und fängt vergnügt zu singen an. Der Motor jault auf, wir kriegen Tempo drauf. Jagdfieber.

Richtig, weiter draußen vor den ersten Booten heben sich die Rücken von Delphinen aus dem Wasser. Sie scheinen nicht ganz so groß zu sein wie die in den Fernsehserien. Aber die haben sie womöglich mit Hormonfutter gemästet, damit sie extragroß ins Fernsehbild passen. Unsere hier, die indonesischen, sind mindestens so flink und gewandt wie die amerikanische Verwandtschaft. Sie scheinen nachts noch für diesen Morgenauftritt geübt zu haben, denn als sie jetzt zwischen den Booten auftauchen, schwimmen sie manchmal im Verband, vier, sechs, acht Tiere nebeneinander, als würden sie sich Signale geben, gleichzeitig auf- und wieder unterzutauchen, hochzuschnellen – um kurz darauf anmutig in der Tiefe des Ozeans zu verschwinden.

Die Motorengeräusche stören sie nicht im Geringsten. Wahrscheinlich haben sie sich vorher «Ohropax» eingestöpselt. Und dann das atemberaubende Tempo, das sie vorlegen! Selbst den übermotorisierten Booten geht allmählich die Luft aus. Doch die Delphine sind schneller. Sie zischen durchs Wasser, als wollten sie uns signalisieren: «Na los, Leute, Tempo, Tempo, was ist denn?»

So schnell, wie sie gekommen sind, hat sie die Meerestiefe wieder verschluckt.

Doch nur für eine kleine Atempause. Denn ohne Vorwarnung tauchen sie plötzlich hinter unserem Rücken auf. Und es sind noch viel mehr geworden! Vorher hatte ich etwa 30 bis 40 Tiere gezählt, jetzt mögen es gut und gerne mehr als 70 sein. Überall Delphine!

Die Boots-Armada macht einen Schwenk. Wieder jagen wir in einem irren Tempo, mit heulenden Motoren und Karacho den Flippern hinterher, halten auf die größte Ansammlung zu. Ängstliche Touristen krallen sich krampfhaft am Bootsrand fest. Die etwas waghalsigeren kümmern sich nicht um die atemberaubende Geschwindigkeit, klemmen sich noch entschlossener ihre Kameras und Videokästen unter den Arm beziehungsweise vors Auge.

«Wenn das Oma, Opa und Tante Eulalia sehen! Wie die staunen werden!»

In jeder Delphingruppe gibt es schwimmende Spaßvögel und Witzbolde. Die tauchen blitzschnell zwischen den Booten auf, richten sich senkrecht in die Höhe und wandern mit flott rotierendem Schwanz übers Wasser, ehe sie wieder runterplatschen und den unermüdlichen Bildjägern die Linsen voll Salzwasser spritzen. Hätte ich einen Gummiball dabei, würden sie den wohl glatt aus Jux auffangen, balancieren und zu mir zurückwerfen. Alles ohne Dressur. Nur aus Spaß an der Freud.

Ist das eine Aufregung! Die Bootsführer rufen sich gegenseitig Ermunterungen zu. Unser Chef hat schon die nächsten Strophen seines ellenlangen Liedes angestimmt. Zwischendurch ruft er den aus dem Wasser springenden Delphinen Morgengrüße zu. Noch mehr Tempo. Obwohl die Bootsführer den Gasgriff am Motor bis zum Anschlag aufdrehen, werden wir doch allmählich abgehängt. Sie drosseln die Geschwindigkeit und wir sehen uns zufrieden und lachend an:

«120 Delphine zum Frühstück! Wenn das nichts ist!»

Delphine sind bekanntermaßen hochintelligente Tiere. Bestimmt haben sie das ganze Spektakel unter und über Wasser mitgekriegt. Jetzt, stelle ich mir vor, wo sie abgetaucht sind und für uns unsichtbar bleiben, lachen sie sich über die bescheuerten Touristen wahrscheinlich scheckig.

Ihre Ohrstöpsel stecken sie in ein Schubfach bei den Korallen. Bis zum nächsten Morgen. Und ich kann mir denken, dass der Delphin-Häuptling da unten eine Gegensprechanlage oder ein Handy hat. Und jeden Abend unterhält er sich mit dem Obmann der Bootsfahrer:

«Wie bitte, 60 Touris morgen früh, 6.30 Uhr. Wir sind pünktlich da, alles Roger.»

Dann schiebt er die Antenne rein und wendet sich mit seiner Mannschaft dem wahren Delphinleben zu ...

Dein Horst

Kinderleben in Bali –
mit und ohne befeilte Zähne

Gilimanuk, den 15. November

Lieber Sohn,
wenn ich dir jetzt schreiben will, wie Kinder hier in Bali heranwachsen, was die Gesellschaft und ihre Eltern mit ihnen anstellen, solltest du eines im Hinterkopf behalten: Ich gebe dir diese Einschätzung quasi als «Alien», als ein Wesen vom anderen Stern, das von außen auf die Gesellschaft blickt. Meine Eindrücke unterscheiden sich in manchen Punkten von denen eines indonesischen Vaters, würde er zur Erziehung seiner Kinder befragt.

Also bei uns, das hast du längst gemerkt, hängt natürlich viel, manchmal sogar alles vom Geld ab. Oben in der Gesellschaftsordnung hocken die Reichen und Superreichen, die schon gar nicht mehr überblicken, wie viel Kohle auf ihrem Konto oder Sparbuch liegt. Darunter sind die gut und solide Verdienenden mit eigener, hübsch eingerichteter Wohnung. Und Auto, ist doch klar. Ein- oder zweimal im Jahr mit Kindern und ganzer Familie verreisen ist Pflicht. Und darunter gruppiert sich in dieser Pyramide eine Riesenmasse von Menschen, die zwar auch alles haben, aber schwer rechnen müssen, damit sie Schulden, Zinsen, den täglichen Bedarf decken können. Das scheint in Deutschland ganz lebensbestimmend zu sein. Du merkst es, wenn du den Gesprächen der Leute zuhörst. Meistens reden sie von dem, was fehlt, was sie eigentlich bräuchten und was ihnen ihr wöchentlich ausgefüllter Lotto-Toto-Renn-Quintett-Schein bescheren soll: Geld!

Wieder eine Stufe auf der sozialen Leiter hinabgestiegen, finden wir die armen Schlucker, Wessis wie Ossis mit kleinem Einkommen, zu kleinen Renten, Arbeitslose, chronisch Kranke, Alte, die zeitlebens nicht genug verdient haben. Also auch nichts auf die hohe Kante legen, nichts sparen konnten. Noch eine Stufe tiefer, weiter runter in den gesellschaftlichen Keller: Obdachlose, Aussteiger, Ausgestoßene, Ausgeflippte, Alkis, Junkies, Fixer. Wenn du nun noch zu alldem rechnest, ob jemand getauft, in irgendeiner Kirche oder Sekte Mitglied ist, ob seine Eltern einer Partei angehören oder mit einer sympathisieren, von Gewerkschaften reden, ob sie lieber Bücher lesen oder flippern, durch TV-Programme zappen oder vor dem Computerbildschirm hocken, ob sie in einem Verein sind, Fußball spielen oder angeln, wie du, dann siehst du ungefähr, wo du dich selbst in diesem Chaos orten kannst. Sperr auch bei deinen Freundinnen und Freunden, Lehrerinnen und Lehrern, lieben oder weniger lieben Menschen die Ohren auf. Kannst dabei 'ne Menge lernen!

Zurück nach Bali: Die balinesische Gesellschaft zerfällt nicht in Schichten oder Gruppierungen, sondern in Kasten. Ganz oben hockten früher Könige und Fürsten, wie bei uns die Regierung mit Präsidenten, Ministern, Abgeordneten. In Bali wurden sie allerdings nie gewählt, sondern ihr hoher Rang vererbte sich über die Generationen. Darunter standen die Brahmanen, die einflussreichen Priester und Vorsteher bei religiösen Zeremonien. Sie haben auch heute noch viel Einfluss auf das Alltagsleben und spirituelle Veranstaltungen. Die zweithöchste Kaste in der gesellschaftlichen Hierarchie setzt sich aus Dorfvorstehern, Landbesitzern und Geschäftsleuten zusammen, während die Masse der Reisbauern, Fischer, Kleinhändler den Sockel der Gesellschaft bildet.

Je nachdem, in welche Kaste ein Kind hineingeboren wird, bestimmt sich sein Vorankommen, seine Entwicklung. Ist doch klar wie Kloßbrühe. Aber jetzt beginnen die großen Unterschiede: Söhne werden anders behandelt als Töchter. Bei den Familien, die buddhistisch-hinduistisch sind, ist das noch nicht so ausgeprägt wie bei den Gruppierungen, die dem Islam angehören.

Wenn ich dir nun noch die Unterschiede zwischen den verschiedenen Religionsgruppen auf Bali auseinander frieseln wollte, kämen wir nie zu Rande, würde das Baby nie zur Welt gebracht. Nur so viel: In Bali sind die buddhistisch-hinduistischen Religionsanhänger in der Überzahl. In ganz Indonesien ist aber der Islam als stärkste Religion vertreten. Alles wird noch komplizierter, wenn ich dir verrate, dass auch christliche Missionare auf einigen Inseln erfolgreich waren und dass auf anderen Inseln Dämonen- und Aberglaube an gute, böse Geister und Naturgottheiten weit verbreitet ist. Das vermischt sich natürlich genauso, wie die Grenzen zwischen gesellschaftlichen Klassen verwischen, Schichten nicht hundertprozentig erkennbar und zuzuordnen sind. Und das Geld spielt auch hier eine große Rolle.

Bleiben wir deshalb lieber beim balinesischen Baby. Ehe es überhaupt auf die Welt kommt, muss die Mutter, müssen die Eltern allerlei wichtige religiöse Zeremonien und Verrichtungen abhalten. Für Zeremonien kannst du auch das Wort «Rituale» benutzen. Bei uns kann rituell sein, sich bei der Begrüßung die Hände zu schütteln, sich freundschaftlich zu

umarmen, sich morgens und abends die Zähne zu putzen, vielleicht auch vor den Hauptmahlzeiten zu beten, manchmal im Jahr in die Kirche zu gehen, Kinder taufen zu lassen, auf Holz zu klopfen oder nach Stolpern dreimal auszuspucken.

Sobald Neugeborene das Licht der Welt erblicken, werden die «vier älteren Geschwister» in Kokosschalen an der Tür zum Schlafzimmer verborgen. Das sind Fruchtwasser, Mutterkuchen, Nabelschnur und etwas Blut der Mutter.

Dem Säugling werden farbige Bänder um Hand- und Fußgelenke gebunden, um böse Geister und Dämonen fern zu halten. Im Hause bekommt der Schutzgott Kumara einen besonderen Platz zugewiesen. Das kennst du auch bei uns aus dem Süden oder Österreich, wenn irgendwo ein Kruzifix an der Wand hängt oder Mutter Maria mit dem kleinen Jesulein auf dem Arm in einer Zimmerecke einen festen Platz erhält.

Am zwölften Tag nach der Geburt bekommt das Kind seinen ersten Namen, den er aber noch zu verschiedenen feierlichen Gelegenheiten wechselt, begleitet von weiteren Opfergaben für Kumara.

42 Tage nach der Geburt gibt es die erste große Reinigungszeremonie an Mutter und Kind, verbunden mit dem Wunsch, das Kleine solle frei von Krankheiten bleiben. In der Küche wird rot gefärbter Reis geopfert und dem Kind werden seine ersten Schmuckstücke angelegt.

Nach 90 Tagen bekräftigt man die guten Wünsche nochmals. Dazu werden kleine Körbe mit Blumen, Reis und Früchten hingestellt. Mit diesen Opfergaben, den «offerings», vertreiben sie böse Dämonen und locken gute heran.

Nach 105 Tagen, das sind drei balinesische Monate, folgt

die nächste große Feierlichkeit. Nun darf das Kind, nachdem es bislang ständig von der Mutter oder älteren Geschwistern getragen wurde, zum ersten Mal den Boden berühren. Das festlich geschmückte Kind hat man in der Wiege gegen bemalte Früchte ausgetauscht, um die Dämonen und bösen Geister zu verwirren. Aus jenem Grund erhalten auch die «vier älteren Geschwister» neue Namen.

Klingt das interessant? Immer sind für jede Feierlichkeit bestimmte Geschenk- und Opferkörbchen aus Palmfasern vorgesehen. Was bei den Zeremonien gewünscht wird? Kannst du dir doch denken. Das Kind möge mutig, stark, frei von Gier und Habsucht sein, nicht Neid und Eifersucht aufkommen lassen.

Wenn du alle diese Vorgänge mit unseren Zuständen vergleichen willst: Bei uns gehen Mütter regelmäßig zu einer Kinderärztin oder einem Kinderarzt, lassen durch Vorsorgeuntersuchungen feststellen, ob das Kind gesund ist, es sich gut entwickelt. Dabei wird meist auch bald festgestellt, ob es Links- oder Rechtshänder ist, ob es Behinderungen aufweist. Bald ist das Kleine, wenn die Eltern umsichtig genug sind, gegen Kinderlähmung, Polio, Diphtherie und Pocken geimpft. Übrigens achten darauf bei uns, wie du ja schon am eigenen Leibe erfahren musstest, auch schulische Einrichtungen. Jedes Kind hat schließlich seinen eigenen Impfpass.

In Bali wie in Deutschland freuen sich die Eltern über jeden «Fortschritt», wenn der Nachwuchs zu krabbeln beginnt, allein auf dem Töpfchen sitzen kann, erste Stehversuche unternimmt, wenn die ersten Zähnchen im Kiefer zu spüren sind, wenn das Kind zu sprechen versucht, erste interessante Laute lallt oder rausbrüllt.

Und Kindergarten, Schule? Gibt es so ähnlich, teilweise auch ganz anders bis gar nicht. Dann nämlich, wenn Kinder zu weit von der nächsten Schule entfernt wohnen. Oder wenn bei den Reisbauern zu viel Arbeit anfällt. In dieser Zeit müssen Mädchen wie Jungen mit raus, Tiere hüten, bei der Pflanzerei, der Ernte, beim Schleppen von Feuerholz und Heizmaterial für die Küche mithelfen. Dann verkürzen sich Schul- und Ausbildungszeit.

Kinder in den staatlichen Schulen tragen einheitliche Uniformen, Mädchen meist Röcke mit Blusen und weißen Söckchen, Jungen Shorts und Hemden. Diese Uniform wird in allen Ländern der Welt, wo sie üblich ist, damit erklärt – oder entschuldigt –, dass sie gesellschaftliche Unterschiede beseitige, nicht protzige Klamotten und gestyltes «Outfit» gegen ärmliches Zeug auftrumpfen lasse. Darüber und über so etwas wie persönlichen Stil könnte man natürlich endlos diskutieren.

Mit etwa zwölf Jahren geraten auch die Kinder in Bali in die Pubertät. Dabei wurden früher – großer Unterschied zu uns! – den Kindern die Vorderzähne befeilt. Diese schmerzhafte Prozedur hatte natürlich wieder einen tieferen Sinn. Die spitz zugefeilten Zähne sollten dazu dienen, Dämonen wegzubeißen.

Mit dieser Zeremonie hatte die Gesellschaft den Kindern nicht nur bedeutet, dass sie jetzt zu den Erwachsenen gezählt werden und im heiratsfähigen Alter waren, sondern selbständig die sechs Hauptübel, nämlich Habgier, Eifersucht, Dummheit, Wollust, Zorn und Unbeherrschtheit, vertreiben konnten. Klingt doch verheißungsvoll, wenn man sich das alles genauer durch den Kopf gehen lässt. In manchen Teilen

Balis wird die extrem schmerzhafte Zahnbefeilung nur noch symbolisch durchgeführt.

Ähnliche Zeremonien haben auch andere Religionen. Bei den Muslimen gibt's schon in früher Kindheit die Beschneidung der Knaben. Dabei wird im Rahmen einer pompösen Familienfeier am Glied der Knaben die Vorhaut durchgetrennt. Das ist zwar schmerzhaft, hat aber hygienische Gründe. Weißt du doch sicher längst von deinen türkischen Klassenkameraden!

Nun reicht's aber für heute. Ich verziehe mich lieber vom Balkon des Hauses, auf dem ich schreibend hocke, und lasse die Schleier am Fenster runter. Die Moskitos fangen nämlich an zu beißen.

Alles Gute und bis zum nächsten Mal.

Sei gegrüßt und gedrückt von
deinem Vater

Kinderspiele –
Spielen und spielen lassen

Gilimanuk, den 16. November

Lieber Tim,
ob die Kinder hier in Indonesien spielen? Aber klar doch! Und dabei sind sich die hier und die bei uns lebenden Kinder verdammt ähnlich. In größeren Ortschaften und Städten bekommen sie viel von dem grässlichen Plastik- und Plüschkram zugesteckt oder geschenkt. Billiges Zeug, wie Autos, Flugzeuge, schnell gefertigt und rasch kaputtgespielt. Dazu natürlich eine ganze Palette von Kunststoffwaffen, Weltraum- und Lasergewehren, die idiotisch knattern, leuchtende Farben sprühen und schon kaputt sind, bevor die Batterien aufgebraucht sind.

Glücklicher dran sind da die Kinder in den Orten, in denen Kunsthandwerker wohnen. Die Balinesen sind ungeheuer geschickt im Holzschnitzen und im Töpfern. Sie fertigen vielerorts kleine Puppen an, Phantasietiere, die etwas robuster sind als der rasch verbrauchte Kram, den sie in China, Singapur oder Taiwan produzieren und womit sie den ganzen Erdball überhäufen. In ländlichen Gegenden gibt's auch Spielzeug, das zur Umgebung passt. Etwa «Bauer Samadi zieht ein dickes Schwein zum Markt». Das ist mit beweglichen Gliedern aus leichtem Holz gebastelt. Schwein und Mensch zerren hin und her, spielen Tauziehen. Und unter dem Ganzen hängt noch eine Bambusflöte, die liebliche Töne erzeugt, wenn der Wind eine kleine Windmühle oder ein Windrad antreibt. Oder du findest geschnitzte Vögel, die mit einem Hebel bewegt werden und zeigen, wie Hühner unsichtbare Körner aufpicken.

Manche Kinder sitzen in der Werkstatt und sehen den Eltern bei der Arbeit zu. Wenn sie vom Vater oder der Mutter keine kleinen Figuren für Puppen- und Schattenspiele geschenkt bekommen, basteln sie sich eben selbst aus Abfällen und Materialresten etwas Eigenes.

Wenn du mal herkommst, kannst du täglich mit den Jungen Fußball spielen. Einige Kinder haben Bälle, wie du sie auch kennst. Noch öfter aber siehst du geflochtene Bälle. Sie werden aus dem Naturmaterial Rattan hergestellt, aus dem du in Möbelläden bei uns auch Stühle, Sessel und andere Sitzmöbel findest. Der Ball ist vergleichsweise leicht, und so lässt sich damit toll Technik und Ballbeherrschung trainieren. Ich habe größere Jungen und viele Erwachsene gesehen, die sich in einem lockeren Kreis zusammenfanden. Die Aufgabe be-

stand darin, den in die Luft geschossenen Ball ständig in Bewegung zu halten, ihn möglichst nicht den Boden berühren zu lassen. Junge, Junge, ich kann dir sagen, wahre Ballartisten waren dabei! Die haben den Ball nicht nur mit dem Fuß in die Höhe gekickt, sondern dem Gegenüber sehr elegant Kopfbälle zugespielt, Fallrückzieher angesetzt und minutenlang den leichten Ball auf Kopf, Knien und Füßen tanzen lassen. Man merkte, die spielten das schon ein Leben lang.

In ärmeren Dörfern wird natürlich auch Fußball gespielt. Weil kein Geld für teure Spiel- und Sportgeräte da ist, haben sich die Kinder aus alten Lumpen und Schnüren einen eigenen Ball hergestellt. Hinter dem jagen sie genauso versessen her wie Profis beim Pokal-Endspiel.

Mädchen habe ich nicht mitkicken sehen. Die sind dafür umso geschickter im Stelzenlaufen oder im Gummitwist. Macht das bei uns eigentlich noch jemand?! Die indonesische Spielart zum Springen zwischen Gummibändern ist das Hin-

undherhüpfen zwischen ausgelegten, von anderen Kindern gehaltenen, dünnen Bambusstangen. Sie dürfen bei den unterschiedlichen Sprüngen nicht berührt oder den Mitspielern aus der Hand getreten werden.

Wo der Vater Holzschnitzer ist, schnitzen auch die Kinder. In einem Hafen stieß ich auf Kinder, die ungemein elegante Auslegerboote als kleine Modelle nachgebaut haben. Selbst die farbige Bemalung und das magische Auge am Bug wiesen die kleinen Bootskörper auf. Das Ganze haben sie wie einen Bausatz mit Auslegerbäumen, Mast und Segel in eine schmale Plastiktüte gezwängt, die sie dann den Touristen feilbieten. Ich habe dir so ein tolles Modell gekauft. Du kannst es dir selbst zusammenbauen, wenn ich wieder zu Hause bin.

Abzählreime kennen sie hier auch. Ich glaube, bei uns sind die fast ausgestorben. Einkriegen und so ein Jagdspiel, das wir früher «Räuber und Gendarm» nannten, spielen die Kinder hier ebenso. Genau wie Verstecken. Und in der Schule kriegen sie natürlich Lieder und Tänze beigebracht. Da kann Spielerei sehr bald in harte Arbeit umkippen.

Überall in Bali gibt es ganz unterschiedliche Tanz- und Musiktheater. Den Nachwuchs für diese Truppen, die nicht an einen Ort gebunden sind, sondern viel umherreisen, gewinnen sie schon bei ziemlich kleinen Kindern. Wer später eine anerkannte Legong- oder Maskentänzerin werden will, fängt mit fünf Jahren an zu üben, täglich und stundenlang. Da gibt's manchmal nicht mehr viel zu lachen, weil alles nach sehr strengen Regeln abläuft. Die gelten auch für kommende Puppenspielerinnen und -spieler. Wenn sie später mit den beweglichen Stockpuppen aus Büffelleder «Wayang Kulit» spielen möchten, beginnen sie oft unter Anleitung des Vaters

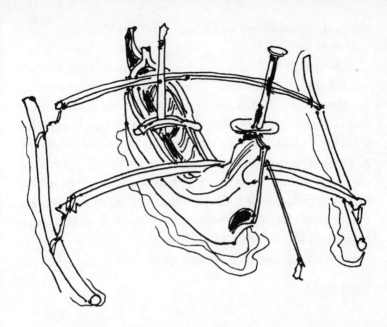

ellenlange Gedichte auswendig zu lernen und die Puppen zu führen. Was sage ich ellenlang! Viel länger, Kilometer und Meilen. Denn richtige Aufführungen dauern sechs, acht und mehr Stunden. Die unendlichen Gedichte und Versdramen von Königinnen und Königen, Göttern, Dämonen, von Prinzen und Prinzessinnen müssen haargenau wiedergegeben werden, sonst murrt das Publikum. Das kennt die Dramen nämlich bis auf den letzten Buchstaben.

Da haben es die Kinder doch viel leichter, die als komische Begleiter des großen Affenkönigs Hanuman bei den Abendvorstellungen für Touristen auftreten. Sie dauern höchstens anderthalb Stunden, und die Kinder in witzigen Affenkostümen haben weiter nichts zu tun, als kreischende Laute auszustoßen, zwischen der Bühne und dem Publikum hin- und herzutoben, Purzelbäume zu schlagen oder wie verrückt auf und nieder zu springen.

Selbst bei den Erwachsenen bleibt der Spieltrieb erhalten – wie bei uns übrigens auch. Genüge ich als lebender Beweis? Austoben kann er sich bei den Vogelscheuchen, die vor der Ernte überall in den Reisfeldern stehen. Da hängen sie manchmal nicht nur leere Plastikgefäße und Konservendosen an Bambusstangen in den Wind oder stellen große Figuren aus alten Klamotten zwischen die Reishalme, sondern reihen kunstvoll geflochtene Eidechsen und Geckos an meterlangen Stangen auf. Der Wind bewegt auch sie und erzeugt schabende und klappernde Geräusche.

So, jetzt will auch ich Fußball spielen gehen.

Dein Horst

Vögel aus Holz und Beton

Kuta / Legian, den 19. November

Lieber Tim,
viele Leute haben einen Vogel. Das ist wirklich so gemeint. Die einen haben ihn eingesperrt im Käfig oder in einer Voliere. Die anderen hätten ihn oder gleich mehrere gerne, eingezwängt zwischen Gitterstäbe oder in so einer Art Freigehege. Das letzte Wort musst du dir wirklich auf der Zunge zergehen lassen. Als ob Freiheit und Gehege überhaupt etwas miteinander zu tun haben könnten! Im Gehege hört doch wohl jede Art von Freiheit auf.

Richtig, da gibt's noch eine dritte Gruppe von Menschen, die haben keinen Vogel im Käfig und die sind auch gar nicht scharf darauf, so einen hübsch gefiederten Sänger bei sich zu Hause zu halten. Die sind froh, möglichst viele, am besten alle, in der freien Natur zu wissen, sie im Wald oder gar im Dschungel rumfliegen zu sehen.

Was dieses Gerede mit Bali zu tun hat? Eine ganze Menge. Bali liegt in den Tropen. Und aus den Tropen, ob aus Asien oder Amerika oder Afrika, kam und kommt ein großer Teil der tropischen Vögel, die du bei uns in Zoohandlungen kaufen kannst. Manche schwirren in den Tierparks in meist gammeligen Käfigen, manchmal auch in großen Volieren herum. Zu Hause stecken sie bei uns im Mini-Knast in Einzelhaft. Im Zoo ist der Knast etwas größer, sozusagen Haft in Gesellschaft und mit Gemeinschaftszelle.

Wenn wir vor den Käfigen stehen, uns die verschiedenen

Schnäbel ansehen, die unterschiedlich gefärbten Gefieder bestaunen, reden uns natürlich die Wärter und Besitzerinnen ein: Den Tieren geht's gut, ja denen geht's gold! Denn in vielen Herkunftsländern sind sie frei zum Abschuss. Oder sie werden bei ihren jährlichen Wanderzügen in riesigen Netzen und auf Leimruten gefangen, umgebracht und aufgegessen. Da machen die Leute ein solches Aufhebens um die alles fressenden Haie und sind selbst nicht besser. Im Gegenteil. Noch viel schlimmer. Denn dass beim langen Transport der tropischen Vögel der größte Teil umkommt und nur wenige Tiere, «Exemplare» nennen wir sie freundlicherweise, überleben, interessiert nur wenige wütende Tierschützer.

Warum ich das alles erzähle? Natürlich damit du dir Gedanken über exotische Haustiere machst und damit du erfährst, dass wenigstens einige Balinesen einen Ausweg gefunden haben, Vögel zu besitzen, ohne sie der Natur zu entreißen. In dem piekfeinen Hotel, in dem ich einige Tage wohnte, hatten sie im Speisesaal jede Menge Papageien, Kakadus und Paradiesvögel in großen Käfigen hocken. Leider klapperten die Gäste so laut mit ihren Bestecken, dass man keinen einzigen Vogellaut hören konnte. Erst beim Rausgehen bin ich dann näher an einen der Käfige herangetreten und, Mensch, solch eine Schummelei, die gefiederten Freundchen waren aus Holz geschnitzt, konnten also keinen Piep von sich geben. Doch ich muss zugeben, sie waren so täuschend echt bemalt, dass sie von einem lebendigen Vogel nicht zu unterscheiden waren.

Und etwas noch Tolleres: In einem schummrigen Innenhof hörte ich das Wasser aus einem künstlichen Brunnen plätschern. Schmetterlinge und tropische Vögel schwebten darüber. Allerdings zogen sie immer die gleichen Kreise. Erst als ich näher an sie herantrat, konnte ich erkennen: Mann, sie waren aus Beton gegossen, angemalt und an kaum sichtbaren Nylonfäden ganz oben an der Decke aufgehängt!

Diese Balinesen! Aber eigentlich gefällt mir das. Und dass sie auch ihre Götter und Dämonen bei den älteren Tempeln aus Beton nachgießen, find ich inzwischen besser, als sie in Holz zu schnitzen, das doch zu rasch verrottet. Was sie noch so an kuriosen Geschichten auf den Wänden ihrer Tempel erzählen, schreibe ich dir bei nächster Gelegenheit.

Bis dahin alles Gute und liebe Grüße
von deinem Vater

«Wayang Kulit» –
Wenn die Puppen tanzen

Tanah Lot, den 21. November

Lieber Sohn,
Kasperle- und Puppenspiel sind bei uns meist nur etwas für die Kleinen. Ganz anders hier in Indonesien, wenn «Wayang Kulit» angesagt ist. Da kommt in manchen Dörfern die ganze Bevölkerung zusammen. Was der komische Name bedeutet? Komisch ist er eigentlich nur für uns Aliens. Er bedeutet ganz einfach «Schattentheater mit Figuren aus Büffelhaut». Denn die bis zu 250 Figuren, die am Spiel beteiligt sind, werden aus dünnem Büffelleder hergestellt, mit Stöcken stabilisiert, aber auch mit beweglichen Gliedmaßen versehen und anschließend prächtig angemalt. Meistens ist es nur ein einziger Puppenspieler, der «dalang», der die Puppen in Bewegung setzt. Er sitzt hinter einer großen, weißen, aufgespannten Leinwand. Den Bühnenrahmen für das Spiel bieten Bambusstöcke. Hinter dem Vorhang wird eine hell leuchtende Öllampe entzündet, sodass die Figuren, je nach Abstand, größere oder kleinere Schatten auf die Leinwand werfen; von der Farbe ist dann natürlich nichts mehr zu sehen. Manchmal kannst du sie nach der Vorstellung bestaunen, wenn der müde Spieler dich zusehen lässt, wie er all seine Figuren in einer schön lackierten Holzkiste verstaut.

Dieses Spiel ist eine Mischung aus wilder Unterhaltung und Feier für die unterschiedlichen Götter und Dämonen. Deshalb trägt der Puppenspieler auch seine beste Kleidung. Er

bleibt nicht allein, denn oft kommen noch Frauen hinzu, die mit seltsam schrillen Tönen und Gesang die lange, endlose Geschichte begleiten und weitertragen. Außerdem, je nachdem wie viel die Zuschauer ausgeben konnten, gehört zum Wayang Kulit noch ein Gamelan-Orchester. Gespielt wird auf verschiedenen Schlaginstrumenten, einer zweisaitigen Geige, einer Zither, einer Bambuskernspaltflöte, einem Metallophon, das sind frei schwebende Klangplatten an Lederschnüren, verschieden großen, handgeschmiedeten Kupfergongs und einem großen, aufgehängten Becken. Die kleineren Gongs sind in einem Gestänge nebeneinander angeordnet. Davor hockt der Spieler auf einem dünnen Kissen am Boden. Schon ehe du den Spielplatz erreichst, manchmal die Vorhalle eines alten Tempels, hörst du die Musiker. Nimm dir am Wochenende mal Zeit und hör sie dir zu Hause im Völkerkundemuseum

Beim Schattenspiel verwandeln sich Gut und Böse in Schwarz.

an. Gamelan klingt total anders, für unsere Ohren sehr disharmonisch. Viele Leute, die keine Geduld haben oder solche Töne nicht gewöhnt sind, fühlen sich durch diese Musik leicht genervt. Ich persönlich fand sie toll, sehr exotisch im Vergleich zu unserer Fahrstuhlmusik im Kaufhaus oder der morgendlichen Klangberieselung im Radio. Ungewöhnlich, aber anziehend ...

Worum geht es in Wayang Kulit? Das ist eine unglaublich lange Geschichte. Wollte ich sie dir komplett erzählen, könnte ich damit ein weiteres Buch füllen. Manche Kenner der Gegend behaupten sogar, es sei die längste Geschichte der Welt. Deshalb dauert das Theaterstück in der ungekürzten Fassung zwischen acht und zehn Stunden!

Im Grunde sind es zwei uralte indische Epen, dazu noch in Versen, die sich der Puppenspieler als Grundlage seines Spiels ausswählen kann: «Ramayana» und «Mahabharata». In beiden Geschichten geht es um Könige aus früherer Zeit, ihre Frauen und Söhne und darum, wer einmal die Nachfolge als Herrscher antreten soll. Die Kunst des Puppenspielers besteht darin, die alten Geschichten immer neu zu erzählen, neue Figuren und aktuelle Zeitbezüge einzuflechten. Und er muss die passenden Stichworte parat haben, nach denen das Gamelan-Orchester mit der dazugehörigen Musik einsetzt.

Du verstehst natürlich kein Wort, aber das Ganze ist unglaublich interessant. Von rechts treten die Guten auf, von links die Bösen. Zwischen ihnen steht ein Lebensbaum, der bewegt werden kann. Dazu kommen Krieger, merkwürdige Figuren und manchmal, extra für die Touristen, auch einige Gestalten, die komische Episoden in noch komischerem Englisch einbauen.

Natürlich geraten alle Beteiligten miteinander in Streit und nun ist «action» angesagt. Sie hauen sich gegenseitig mit Schwertern und Keulen auf die Köpfe, überschütten sich mit Pfeilregen, piksen sich mit Lanzen. Und wenn dazu noch die Affenherrscher mit ihren Truppen anrücken, ist wirklich der Teufel los – sofern man das in einer buddhistisch-hinduistisch-islamisch geprägten Gesellschaft überhaupt sagen kann.

Du kannst dir selbst mit einem Spielzettel kaum die Namen merken. Aber du kriegst auch dank der Reaktion der «locals», der Einheimischen, mit, was da vorne los ist.

Noch was: Wenn das Stück die ganze Nacht lang aufgeführt wird, sind die mitgebrachten Kinder natürlich längst im Arm ihrer Eltern eingepennt. Und für uns Touristen spielen sie nur eine Kurzausgabe des Puppenspiels. Die ist gewöhnlich anderthalb bis zwei Stunden lang. Entsprechend mehr Tempo wird vorgelegt, und die gegnerischen Parteien prügeln mit ICE-Höchstgeschwindigkeit aufeinander ein.

Ich merke schon, wie ich nach der anstrengenden nächtlichen Vorstellung langsam schläfrig werde. Gute Nacht bis zum nächsten Brief.

Dein Vater

Baden und schwimmen – gar nicht so einfach!

Kuta/Legian, den 23. November

Lieber Sohn,
vielleicht klappt es mal in den nächsten Jahren, dass wir zusammen in die Tropen fahren und dann hier baden gehen. Klar, bei der täglichen Hitze, oft über 30 Grad Celsius, ist auch das Wasser prima warm. Theoretisch kannst du stundenlang im Wasser herumplantschen, -paddeln und -schwimmen. Oder schnorcheln und tauchen.

Aber nach einer halben Stunde hast du völlig schrumpelige Haut an den Händen. Und wenn du keine Schutzbrille trägst wie bei uns im Chlorwasser, kriegst du bald so rote Augen wie ein Angorakaninchen.

«Warmes Wasser ist cool», höre ich dich schon jubeln. «Dann mal nichts wie rein!»

Vorsicht, Vorsicht!, kann ich dir da nur zurufen. Das Meer hier ist keine Badeanstalt mit gekacheltem Becken und auch kein Pool, wie ihn viele Touris in ihren Hotels benutzen. Das Meer hat es in sich und auch der Strand ist nicht ohne. Deshalb: Unbedingt Badeschuhe

aus Plastik anziehen. Alte, ausgediente Turnschuhe tun's auch. Warum?

Ganz einfach: Wenn du dir an scharfen Korallenblöcken oder Steinen, auf die du nicht geachtet hast, die Zehen oder Knöchel aufschürfst, wollen diese scheinbar harmlosen Ratscher einfach nicht mehr verheilen. Im Gegenteil, bei der Hitze und dem Klima lösen sich Pflaster schnell ab, Wundsalben schnell auf. Die anfangs kleinen Wunden entzünden sich, und aus den Kratzern werden ernsthafte Verletzungen, die unangenehm nässen: der Abpfiff für weitere Badeerlebnisse, noch bevor du richtig im Wasser warst.

Auch im Wasser kannst du Pech haben. Es ist zwar kristallklar, jedoch wenn du hineinwatest oder gar -rennst, achtest du meistens nicht mehr darauf, wie der Boden vor oder unter dir aussieht. Ratsch, schon hast du dir an scharfen Muschelbänken, Steinen oder Korallen die Fußsohlen aufgerissen! Auch die wunderbar langen, spitzen Stacheln der Seeigel sind nicht zum Lachen, wenn du später Wochen brauchst, um sie mit oder ohne Pinzette wieder herauszuziehen, oder gar warten darfst, bis sie von selbst herauseitern.

Also: Ohne schützende Schuhe läuft gar nix! Und nicht zu vergessen: Dort wie hier gibt's immer wieder Idioten, die abends oder nachts Strandpartys feiern. Dagegen ist ja eigentlich nichts einzuwenden. Aber die stehen ganz besonders darauf, leer getrunkene Bier- oder Schnapsflaschen zu zerdeppern. Wenn du erst einmal in Scherben getreten bist, findest du das nicht mehr komisch ...

Was sonst noch anders ist als bei uns? Also groß sonnenbaden und mich in der knalligen Sonne aufwärmen würde ich nicht mehr. Mit unseren Auto- und den Industrieabgasen, den Kühlmitteln und Treibgasen haben wir inzwischen die Ozonschicht so versaut, dass es etwa in Australien inzwischen lebensgefährlich geworden ist, in der Sonne zu liegen. Hautkrebs! Und je jünger du bist, je zarter deine Haut ist, desto eher kann es dich erwischen. Lebenslänglich. Auch wieder nicht lustig. Du merkst es allmählich schon, das Paradies – oder was die Leute so allgemein darunter verstehen – wirft ganz schön lange Schatten.

Also lass dich nach dem Baden lieber im Schatten der Palmen trocknen. Aber auch hier Vorsicht: Immer nach oben gucken, ob nicht gerade dicke, reife Kokosnüsse nach unten grüßen. Die meisten werden zwar gepflückt. Einige fallen aber auch von selbst herunter. Und in der Regel ist ihre Schale härter als dein Schädel.

Zum Thema Baden mit oder ohne Hose: Die Einheimischen haben eine andere Auffassung von Nackig-Herumlaufen. Besser, du behältst nicht nur deine Badehose an, sondern ziehst dir

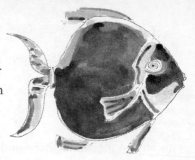

dazu noch ein altes, ausgeleiertes T-Shirt an. Denn wenn du nur eine halbe Stunde im Wasser schnorchelst und deinen Rücken dabei halb aus dem Wasser herausragen läßt, kannst du dir einen solch unglaublichen Sonnenbrand einfangen, als wärst du einem Hähnchengrill entsprungen.

Nun werd nicht gleich ungeduldig und lass dir den Spaß an der Freud nicht verderben! Aber einmal diese Vorsichtsmaßnahmen nicht beachten und dabei das Pech haben, sich zu verletzen oder mit hohem Fieber flach zu liegen, bedeutet meistens auch das vorläufige Ende aller Badefreuden. Feierabend auf der ganzen Linie. Das fändest du nicht witzig – und ich auch nicht.

Und ehe ich's vergesse: Crem dich ordentlich mit Sonnenmilch ein, die einen hohen Lichtschutzfaktor hat. Und setz dir einen Hut aus Strohgeflecht auf oder eine leichte Schirmmütze mit Nackenschutz. So wie sie im vorigen Jahrhundert die Fremdenlegionäre in der Sahara trugen. Kennst du doch aus alten Schwarzweiß- und Abenteuerfilmen.

Schluss jetzt mit den Ratschlägen. Ich komme mir allmählich wie ein Bade-Pastor vor. Aber meist richte ich mich ja auch selbst nach all den Vorsichtsregeln, die ich dir hier aufgedröselt habe. Und über einen richtig schönen Sonnenstich lachen nur diejenigen, die selbst nie einen hatten.

In diesem Sinne, hinein in die Fluten und alles Gute!
Dein Vater

Im Urwald
Bali Barat, den 25. November

Lieber Tim,
an den meisten Küsten und auf den fruchtbaren Vulkanböden mit den Reisterrassen ist Bali dicht besiedelt. Und immer noch kommen Menschen hinzu. Dennoch waren die Verantwortlichen so schlau, im Westen der Insel einen Nationalpark einzurichten. Dort leben wenige Leute, es gibt einige Tempel, aber vor allem Urwald. Eine einzige Straße führt hindurch. Du kannst ziemlich leicht ohne mühselige Anmarschwege dort hinkommen. Allein solltest du es nicht versuchen, besser ist es, ein Parkranger begleitet dich. Der hat auch ein geschulteres Auge und weiß, wo interessante Tiere und bemerkenswerte Pflanzen zu finden sind.

Wenn du in diesen Urwald trittst, bekommst du einen Eindruck, wie es früher einmal auf ganz Bali aussah. Aus Gebüsch und dichtem Unterholz wachsen mächtige Bäume empor. Sie sehen völlig anders aus als bei uns. Auch ihre Rinde fühlt sich anders an. Was du gleich als Riesenunterschied entdecken wirst: Viele der dicken Bäume haben Stelzenwurzeln. Die Hauptwurzeln des Baumes wachsen aus dem Boden empor, und erst in mehreren Metern Höhe fügen sie sich zum Hauptstamm zusammen. Das kommt daher, dass die kleinen Bäume auf einem anderen, früher oder später abgestorbenen Baum heranwuchsen. Ist der «Baum-Wirt» zerfallen, zeugen nur noch die Stelzenwurzeln von seiner einstigen Existenz. Interessant zum Hochklettern. Du kannst dich zwischen den einzelnen dicken Strängen in die Höhe stemmen und zerren. Aber Vorsicht, wenn dir große Ameisen in den Kragen oder ins Hosenbein krabbeln, hört der Spaß schnell auf. Natürlich nisten auch dicke Käfer in den Rissen und Vertiefungen, und die solltest du lieber in Ruhe lassen.

Du kannst dich auch an die herabhängenden Luftwurzeln und die ineinander verdrehten und verzwirbelten Lianen hängen und tarzanmäßig baumeln und schaukeln. Keine Angst, sie reißen nicht. Meist sind sie zäh, sehr stabil und bewohnt. Der Ranger sagt dir schon, an welcher du dich erproben kannst, ohne eine Baumschlange zu verärgern.

Wenn du wilde Tiere sehen und antreffen willst, musst du dich leise, ja schleichend durch den Urwald bewegen. Trampeln ist hier nicht angesagt! Das ist nicht leicht, denn Laub raschelt, Zweige knacken, und du fluchst, wenn du über Wurzeln stolperst. Schon sind die kleinen Hirsche, die so nahe bei dir standen, im Unterholz verschwunden. Mit Gruppen von kleinen Affen hast du es leichter. Die machen bei der Suche nach Fressbarem selbst mächtigen Lärm. Und wenn sie einzeln oder in ganzen Scharen von Baumkrone zu Baumkrone springen, rauscht es ganz gewaltig über deinem Kopf. Dazu kreischen aufgeschreckte Vögel, die davonschwirren und sich in Sicherheit bringen.

Also leise hinter dem Ranger weiter! Der winkt dich hinter die Brettwurzeln eines anderen Baumriesen und deutet nach oben. Schräg über dir sitzt tatsächlich ein Fischadler auf seinem Gelege. Nach einer Weile schwebt ein zweiter Adler heran, vom nahen Meer einen Fisch im Schnabel, der an die Jungvögel verfüttert wird. Hast du ein kleines Fernglas dabei, dann kannst du von ganz nahem sehen, wie die Kleinen ihre

Schnäbel aufsperren und den Eltern die mitgebrachte Beute entreißen wollen. Die Affen machen um diesen Nistbaum einen weiten Bogen. Es wäre nicht sehr schlau, sich mit den mächtigen Greifvögeln, ihren scharfen Krallen und zuhackenden Schnäbeln, anzulegen.

In manchen Urwäldern kannst du tagelang umherstreifen, ohne ein besonderes Tier anzutreffen. Sie haben meist schon die Flucht ergriffen, ehe du sie auch nur von weitem erspähen kannst.

Hier aber hast du bessere Chancen, denn die Trockenheit dauert schon so lange, dass viele Blätter abgefallen sind und du einen guten Durchblick gewinnst. Die Marder und Rehe haben keine Scheu vor dem Motorenlärm der nahen Straße. Sie kannst du manchmal schon in wenigen Metern Entfernung beobachten.

Doch leise, behutsam auftreten, schleichen! Das übt sich mit der Zeit. Wenn du willst, kannst du auch schon vorher in unseren aufgeräumten Waldungen üben ...

Mitten im Urwald steht eine Tempelgruppe. Junge Männer, festlich angezogen, umwinden einzelne Gebäude und die daneben stehenden, heiligen Banyanbäume mit langen weißen und orangefarbenen Tüchern. Aus sicherer Höhe schauen ihnen die Affen zu und veranstalten ein Höllenspektakel.

Draußen in der Sonne herrscht brütende Hitze. Vielleicht bricht doch bald ein Gewitter los. Hier im Wald ist es dagegen angenehm schattig und ein kühles Lüftchen weht dazu.

Nicht traurig sein, irgendwann ist auch in Hamburg wieder Sommer.

Dein Horst

Indonesiens Tiere,
ein größeres Stück über Bali hinaus ...

Bali Barat (West-Bali), den 28. November

Lieber Tim,
zuletzt waren wir im westlichen Teil von Bali ein wenig im Urwald und an der Küste unterwegs, die zum Nationalpark erklärt wurde. Gerade prasselt aufgrund der beginnenden Regenzeit ein kräftiger Guss auf das Bambusdach der Hütte auf Stelzen. So kann ich dir etwas den Mund wässerig machen auf das, was sonst noch in Indonesien zu finden ist:

Bali ist nur eine von 13 677 Inseln. Davon sind eine ganze Menge unbewohnt, die größeren aber zum Teil so überbevölkert, dass in unregelmäßigen Abständen ganze Bevölkerungsgruppen, etwa von Java nach Sumatra oder auch nach Bali, umgesiedelt worden sind. Den alten Namen für dieses im Meer weit hingebreitete Gebiet «Insel-Indien» finde ich eigentlich viel zutreffender als den modernen Namen. Aber das nur am Rande.

Bevölkerungsexplosion und Wanderbewegungen innerhalb eines Staates gefährden auch die letzten Naturreservate, die verbliebenen Nationalparks. Die Bauern und Farmer und ihre Kinder brauchen Land. Das ringen sie allzu oft dem noch bestehenden Urwald ab. Bäume werden niedergehackt. Große Flächen, die vorher Urwald waren, werden durch Brandrodungen eingeebnet. Anschließend werden dort Ackerbau und Viehzucht betrieben. Doch nur für wenige Jahre. Dann ist der Boden erschöpft, ausgelaugt. Die fruchtbare Krume war zu

dünn, um länger Erträge herzugeben. Also wird das nächste Stück Wald zerstört, das Holz zum Bauen und Feuermachen verbraucht.

Von Sumatra hast du bestimmt schon gehört. Dort haben sie bei Brandrodungen so irrwitzige Riesenfeuer entfacht, dass in großen Gebieten alles von Qualm und Rauch erfüllt war und die Touristen fluchtartig den Heimweg antraten. Doch auch wir im Westen und in Europa haben an den Zerstörungen unseren Anteil. Bootsbauer brauchen Teakholz für Decks und Masten. Möbelhersteller nehmen noch immer Mahagoni und andere Tropenhölzer, um kostbare Tische, Schränke und Stühle daraus zu bauen. Hausbesitzer finden Türen und Fens-

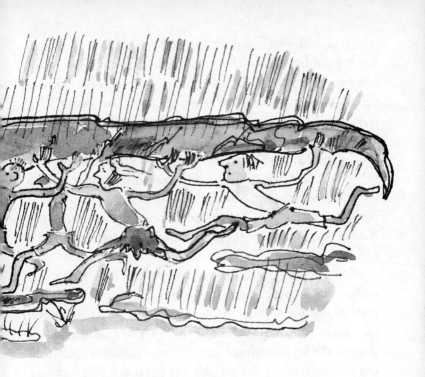

terrahmen aus hartem Tropenholz immer noch schicker als solche aus Kunststoff oder Metall.

Mit den schwindenden Wäldern schrumpfen natürlich auch die Lebensräume für die gesamte Tierwelt. Oft nur noch in steilem, unzugänglichem Bergland triffst du auf die herrlichen Nashornvögel mit ihren mächtigen Schnäbeln, und auch die letzten Tiger etwa auf Sumatra ziehen sich immer weiter in den Dschungel zurück. Ich habe einmal Sumatra durchquert und dabei erlebt, wie weite Gebiete, die im Reiseführer noch als Urwald ausgewiesen waren, inzwischen öde qualmende Flächen mit vermodernden Baumstrünken oder weite Reisplantagen zeigten.

Ach ja, in der Nähe eines dortigen Nationalparks gibt's eine der berühmten Orang-Utan-Stationen. Da werden, wie auf einer anderen Station in Kalimantan, dem früheren Borneo, verwaiste Orang-Utan-Kinder großgezogen und darauf trainiert, eines Tages, wenn sie fast erwachsen sind, wieder in den Urwald ausgewildert zu werden. Das dauert meist Jahre. Früher wurden die Eltern eingefangen, an Zoos verkauft, umgebracht. Die Affen-Kinder irrten dann hilflos umher, bis sich jemand ihrer annahm. Vor noch gar nicht so langer Zeit wurden in manchen Haushalten Indonesiens kleine Orangs wie Kinder oder Haustiere gehalten. Durch Schutzgesetze ist das inzwischen streng verboten.

Wenn du jetzt durch den Urwald streifst, kann es dir passieren, daß du auf Orang-Utans stößt. Uns beobachtete einmal neugierig vom anderen Ufer eines Flusses aus eine Mutter mit einem Baby auf der Schulter, wie wir das Zelt aufbauten und ein kleines Buschfeuer entfachten. «Kümmert euch nicht um sie», meinte der Ranger, der mit uns durch den Park zog, «sie wollen nur sehen, was wir anstellen.»

Und tatsächlich schauten sie uns noch eine Weile zu und waren dann plötzlich wieder vom Grün des Waldes verschluckt, alles ganz geräuschlos.

Und bestimmt ist uns eines Nachts auch ein Tiger begegnet. An einem anderen breiten Fluss sahen wir vom gegenüberliegenden Ufer nach Einbruch der Dunkelheit seine Augen aufleuchten. Er muss uns stundenlang belauert haben, ehe er weiter auf die Pirsch schlich. Den Fluss hat er nicht überquert, war ihm wohl zu unbequem. Am Tage haben wir ihn Gott sei Dank nicht mehr gesehen. Die Tiger dort sind nachtaktiv.

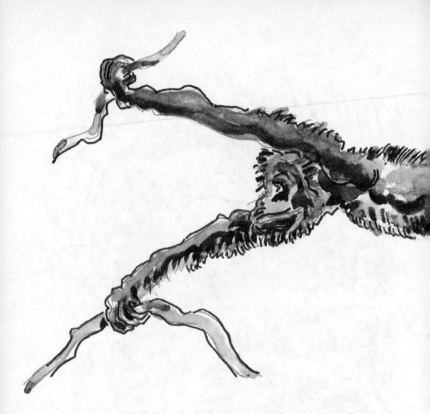

Schlangen triffst du natürlich in allen größeren verbliebenen Waldgebieten, giftige und ungiftige. Wenn du mit einem Einheimischen durch das Dickicht streifst, er immer wieder einen Pfad mit der Machete schlagen muss, wenn es die Berge hinauf- und hinuntergeht – Mann, was sind die steil! –, musst du besonders vorsichtig sein. Manche der knallgrün gefärbten Baumschlangen (sehr giftig!) sehen aus wie der daneben wachsende Ast und das Gezweig der Büsche. Also Obacht, wo du hinlangst!

Nebenan auf Java gibt es die letzten Panzernashörner Indonesiens. Natürlich leben die auch in einem Nationalpark. Vielleicht hast du den Fernsehfilm gesehen, in dem ein Team wochenlang unterwegs war, durch Sumpfgebiete, Mangrovenwälder an der Küste und dichtes Unterholz streifte, bis es endlich einige der letzten Vertreter dieser Dickhäuter im Schlammbad antraf. Ich war dort zwar auch, aber außer sehr schönen Vögeln und Massen von blutgierigen Moskitos in patschnassen und modrigen Sümpfen hab ich nichts Aufregendes erlebt.

Abenteuerlich wurde es dann erst wieder auf der Insel Komodo.

Dort hausen die letzten «Drachen» dieser Welt. Genauer gesagt, sind es Riesenechsen von zwei bis drei Metern Länge, die Komodo-Warane. Einst beherrschten sie die gesamte Insel und das benachbarte Revier. Sie konnten gut überleben, weil sie meist in Rudeln Wildschweine und Hirsche jagten. Bei dieser Jagd stürzte sich gewöhnlich das schnellste und kräftigste Tier auf die Knöchel der Beute und verbiss sich darin. Strauchelte das Opfer, eilten die anderen herbei und gaben ihm den Rest. Meist fressen sie sich zuerst in die weiche Bauchhöhle hinein und nagen dann das Tier bis auf die Knochen ab.

Die Hirschpopulation ist inzwischen stark zurückgegangen. Trotzdem sind die Drachen von Komodo träge, dick, sogar fett geworden. Der Grund: Die Parkranger und die vielen anreisenden Touristen haben sie in den vergangenen Jahren mit Ziegen gemästet. Jetzt liegen sie an bestimmten Stellen der Insel und warten auf die nächste Fütterung. Das ist mehr wie ein Zoo ohne Gitter.

Als ich dort war, gab's seit längerem keine Fütterung. So drückte uns der Ranger lange, an der Spitze aufgegabelte Hölzer in die Hand und riet uns, falls uns ein Riesenwaran zu nahe auf die Pelle rückte, ihn mit diesem sinnvollen Hilfsgerät auf Abstand zu halten. Du merkst, das hat geklappt, sonst könnte ich dir nicht diesen Brief schreiben ...

Die Riesen von Komodo verachten Menschenfleisch keineswegs. Ihnen fielen zuletzt ein 14-jähriger Junge und, allerdings vor Jahren schon, ein älterer Schweizer Tourist zum Opfer. Beide sind auf Streifzügen über die Insel spurlos verschwunden, und von dem Schweizer hat man nur noch die Armbanduhr gefunden. Auf die waren die Monsterechsen wohl nicht so scharf.

Weil ich vorhin vom Fernsehen geplaudert habe: Bestimmt hast du zu günstiger Sendezeit mal den Bericht von der französischen Verhaltensforscherin gesehen, die bei den Komodo-Waranen «zu Gast» war. Am Anfang haben ihr die Echsen das halbe Zelt samt Inhalt aufgefressen. Danach haben sie sich aber so gut angefreundet, dass sich die grimmigen Burschen von ihr streicheln und sogar abschmatzen ließen. I bäh, aber für ihren Geschmack muss sie schließlich allein geradestehen.

Ich will nicht zu ausschweifend werden, der Regen lässt auch schon wieder nach. Nur noch so viel: Jeder dieser Parks in Indonesien hat etwas Besonderes zu bieten. In einem haben wir wilde Büffel aufgestöbert. Vorsicht, mindestens so gefährlich wie ein nächtlich angreifender Tiger!

Lustiger und harmloser waren Affenherden am feuchten Strand. Bei Ebbe kamen sie aus dem Busch, turnten durch die Mangroven und sammelten Muscheln und Krabben. Als sie uns sahen, stoben sie davon. Noch schneller waren Wildschweine, die abends auch gern am Strand spazieren gehen und etwas zum Fressen suchen. Von den Vögeln, Schmetterlingen und weiteren Insekten will ich gar nicht erst berichten. Damit ließe sich ein ganzes Buch, lassen sich ganze Schmöker füllen. Und die gibt es längst.

Mindestens so aufregend ist es, wenn wir an den Küsten und in den Marineparks auf Schnorcheltour gehen oder noch tiefer tauchen. Das ist eine unglaubliche Welt für sich. Mehr darüber in einem anderen Brief. Da ist schon wieder die Sonne!

Also tschüs und mach's gut!
Horst

Ganz große Fische
Bali Barat (West-Bali), den 29. November

Wale in den Tropen? Leben die nicht in den eisigen arktischen Meeren? Von wegen!

Auf ihren langen Wanderungen kommen Pottwale auch in die tropischen Gewässer, bis hinunter nach Mexiko und Südamerika. Und vor den Küsten Indonesiens tauchen sie ebenfalls ziemlich regelmäßig auf. Zum Beispiel vor Lomblen, einer kleinen Insel östlich von Flores. Dort stellen die Fischer den riesigen Meeressäugern fast mit bloßen Händen nach, nur bewaffnet mit selbst geschmiedeten Harpunen und scharfen Messern. Die internationalen Schutzbehörden rechnen die Bewohner zu den Naturvölkern, und denen ist die Jagd auf Wale gestattet. Mehr als zehn bis 20 sind es sowieso nicht, die dort pro Jahr erlegt werden. Die Landwirtschaft auf der Insel ist so kümmerlich, dass Pottwalfleisch die wichtigste Nahrungsquelle bildet.

Obwohl die Wale schon seit Generationen bejagt werden, schwimmen sie doch immer auf den gleichen Wanderrouten. Meldet der ständige Ausguck auf den Inseln «Die Wale kommen!», springen jeweils zwischen zehn und zwölf Männer in die bereitstehenden Boote. Das sind wahre Nussschalen ohne Hilfsmotor und mit Segeln aus Palmwedeln. Wirklich lächerlich, damit die Jagd auf die Giganten der Meere zu wagen! Herrscht gerade Flaute oder steht der Wind ungünstig, muss gerudert werden. Also schon harte Schufterei, ehe die eigentliche Jagd beginnt.

Haben sich die Segel- und Ruderboote mit ihren wackeligen Auslegerstangen so leise wie möglich an die Wale herangepirscht, steht der wichtigste Mann, der Harpunierer, mit seiner Lanze auf dem schlanken Vorbau des Bootes. Die Boote müssen so nahe an die Wale heranmanövriert werden, dass die handgeworfene Lanze auch wirklich trifft. Besonders mutige Harpunierer springen auf den Wal zu, um das Mordgerät möglichst kräftig und tief in dessen Körper zu rammen. Doch mit einem Wurf allein ist es meist nicht getan. Deshalb sind immer mehrere Boote unterwegs, um sich gegenseitig helfen zu können.

Das verletzte Tier versucht natürlich zu fliehen, und dann rollen sich blitzschnell die über 200 Meter langen Schleppseile an Bord ab. Eine gefährliche Situation, bei der unachtsame Walfänger um Arme und Beine fürchten müssen. Die Jagd geht weiter, auch wenn jemand zu Schaden kommt. Denn die Dörfler an Land warten auf die überlebensnotwendigen Fleischvorräte. Tauchen die verletzten Tiere weg, beginnt die nächste Angstpartie, denn die Mannschaft hofft nun, dass sie nicht in den Strudel gerissen wird. Dann hilft nur noch, die Schleppseile zu kappen.

Die bis zu 30 Tonnen schweren Tiere sind den Booten und Männern an Körperkraft weit überlegen. Ein Schlag mit der Fluke, der mächtigen Schwanzflosse, schon gibt's Kleinholz und die Männer dürfen um ihr Leben schwimmen. Dazu das ausströmende Blut der Verwundeten – schon sind die Haie unterwegs. Also alles andere als ein netter Ausflug.

Man weiß, dass die verletzten Wale die kleinen Boote nicht nur Stunden, sondern manchmal Tage hinter sich herschleppen können. Ist der getroffene Pottwal endlich ermattet und kann langsam, langsam an die Boote herangezogen werden, springen andere Fischer ins Meer, um dem Tier den Fangstoß zu versetzen. Mit den langen, scharfen Messern versuchen sie entweder das Herz oder die Schlagader zu treffen. Endlich färbt sich das umliegende Meer blutrot, und nun beginnt die Plackerei, das Opfer nach Hause zu schleppen. Die Haie gucken dabei natürlich nicht seelenruhig zu.

Ist nach endloser Schinderei die Beute schließlich am Strand angelangt, beginnt ein ungeheures Gemetzel. Das große Tier wird zerlegt. Nach uraltem Brauch ist genau festgelegt, wer welche Teile und wie viel von dem gigantischen Fleischberg erhält. Was nicht sofort verzehrt wird, hängt zum Trocknen in der feuchtheißen Tropenluft. So haltbar gemacht, ist es ein solider Tauschartikel, um die Lebensmittel zu beschaffen, die nicht in der nächsten Nachbarschaft selbst gewonnen werden.

Wer dort nicht lebt, nicht überleben muss, hat leicht reden und vorschlagen, ob es nicht besser wäre, sich mit kleineren Fischen zu begnügen, die es dort natürlich auch noch gibt. Oder gleich Vegetarier zu werden ...

Nicht auf den Magen schlagen lassen,
dein Horst

Untergetaucht
Gilimanuk, den 5. Dezember

Lieber Sohn,
natürlich hast du, falls du hierher kommst, deine Schnorchelsachen mit dabei: Mehr als 13 000 Inseln mit einer Menge Meer dazwischen warten auf dich. Wenn du nur täglich bei einer ins Wasser gehen, vom Strand her untertauchen wolltest, müsstest du so an die 50 Jahre einplanen, um sie alle zu schaffen. Toll, was? Aber vielleicht ist das auch eine leicht idiotische Rechnung! Irgendwann würde es dir langweilig werden, so interessant und aufregend die Sache auch in den ersten Tagen und Wochen wäre.

Mehr als 13 000 Inseln! Und viele von ihnen haben unglaubliche Sandstrände mit Kokospalmen oder ein Mangrovendickicht. Und bestimmt patrouillieren vor nicht wenigen auch Haie! Über die reden wir später noch etwas ausführlicher.

Du hast also deine Schnorchelsachen ins Gepäck gestopft. Brille, Schnorchel, Schwimmflossen – das war's eigentlich schon. Halt, noch dünne Handschuhe, damit du dir nicht an scharfen Korallen oder spitzen Seeigeln die Pfoten anritzt oder aufstichst.

Besser ist es, du erkundigst dich, ehe du ins Wasser rast, bei anderen Touristen, Fischern oder noch besser bei ihren Kindern, wie das Wasser ist. Nein, nicht nur wegen der Haie, sondern ob es sich überhaupt lohnt, das ganze Schnorchelzeug anzulegen. Sagen sie «bagus!» und heben den Daumen, kannst du annehmen, dass es wirklich gut und lohnend ist. Also hinein ins Vergnügen! Das Wasser ist fast immer pieselwarm und äußerst angenehm.

Aufpassen solltest du trotzdem. Vor allem, wenn du ins Wasser läufst und noch Boden unter den Füßen spürst. Der «stonefisch», also der Steinfisch, kann sich tückisch eingraben und sich durch seine Hautoberfläche so geschickt tarnen, dass du nicht erkennst, was Meeresboden und was Fisch ist. Auf ihn zu treten ist lebensgefährlich! Seine Stacheln sind extrem giftig.

Wer nun stur auf den Meeresboden starrt, übersieht womöglich die fiesen Quallen. Aber wenn du erst schwimmst und Ausschau hältst, kannst du die großen, wunderschönen Medusen mit ihren langen Nesselfäden gut ausmachen. Geh, besser schwimm ihnen aus dem Wege, denn wenn sie dich erwischen, kannst du dir gemeine Hautreizungen einfangen. Sich aufkratzen bis zum Verrücktwerden ist nicht so lustig.

Nun schwimm endlich los, sonst fallen mir noch die schönen Seeschlangen ein. Du erkennst die am weitesten verbreitete Art an der hell-dunkel gefärbten Bänderung. Als ob es lang gestreckte Zebras der Meere wären. Schwimmen lassen, auch giftig! So, aber der Rest ist harmlos, ganz lieb, oft ohne Scheu. Und wenn du in einer Gegend mit nicht so viel

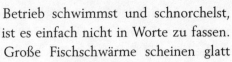

Betrieb schwimmst und schnorchelst, ist es einfach nicht in Worte zu fassen. Große Fischschwärme scheinen glatt durch dich hindurchzuschwimmen. Kaum bist du ins Wasser gestiegen, hast die ersten Schwimmzüge gemacht, stößt du auf Unterwasserpflanzen. Die wiegen sich in der sanften Dünung hin und her. Sie streifen dir an Brust und Beinen entlang.

Und meist sind dort auch schon die ersten tropischen Fische unterwegs. Sie weiden die Pflanzen ab, paddeln hin und her und zwischendurch. Wenn du selbst still im Wasser liegst, durch deine Taucherbrille nach unten und um dich schaust, schwimmen einige an dich heran und beginnen, ganz zart an dir herumzuknabbern. Du merkst es kaum. Es ist eher wie ein leichtes Kitzeln.

Je weiter du rausschwimmst, desto interessanter und farbiger wird's. Erst liegen nur einige Korallenblöcke unter dir. Dann schließen sie sich zu ganzen Korallenbänken und Wäldern unter Wasser zusammen. Über die Farben und Formen sind schon die früheren Taucher und ersten Schnorchler schier ausgeflippt: Manche Blöcke liegen wie riesige Gehirnwindungen da, andere sehen wie bewegliche Zacken und Geweihe aus. Kein Korallenstock gleicht dem anderen. Und dann die Farben! Rot, Gelb, Schwarz, Grün! Dazu die gestreiften und gepunkteten Fische mit den unterschiedlichsten Körperformen, mit großen und kleinen Rücken-, Bauch- und Schwanzflossen. Und die Streifen, Punkte, verschiedenartig glänzenden Schuppen, die als Tarnung oder nur zur Unterscheidung der männlichen von den weiblichen Fischen dienen. Kurzum, was du bei uns in zoologischen Handlungen, im Aquarium hinter dicken Glasscheiben und sehr begrenzt siehst, das schwimmt und liegt hier in Massen frei herum.

Aber Vorsicht! In dieser faszinierenden Unterwasserwelt verlierst du völlig das Zeitgefühl. Das Wasser ist warm; du fängst also nicht an zu bibbern wie bei uns in der Nordsee. Damit die Haut nicht so ausgelaugt wird, ist es schlau, nach einer halben oder Dreiviertelstunde wieder rauszugehen, sich das Salzwasser runterzuspülen, sich die schrumpelige Haut einzucremen. Die Fische und Korallen gehen dir nicht verloren. Die sind immer da ... Und noch etwas: An manchen Stränden gibt's erhebliche Meeresströmungen. Ehe du dich's versiehst, tragen sie dich Hunderte Meter vom Ausgangspunkt fort. Zurückkommen bedeutet dann harte Arbeit. Deshalb: Obacht auch hier!

Also bis zum nächsten Mal,
Horst

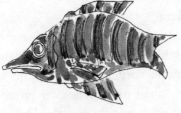

Haie, Haie, Menschenfresser
Lovina Beach, den 8. Dezember

Lieber Tim,
hier waren wir ja schon im Auslegerboot unterwegs, um die 120 Delphine aus unmittelbarer Nähe zu erleben. Ich bin noch einmal zurückgekehrt, um ins kristallklare Wasser zu springen, mich mit Fischen zu tummeln, herumzutauchen, vielleicht auch zu schnorcheln. Doch Vorsicht! Gerade sind die Delphine am Horizont oder in der Tiefe verschwunden, und du glaubst, das Meer sei leer, da tauchen plötzlich wieder Dreiecksflossen auf, durchschneiden das Wasser, und die große Panik bricht aus: Haie!

Sind es wirklich die Räuber der Meere – oder nur einige versprengte Delphine? Denn der Delphin hat auch eine sehr charakteristische Rücken- und, wenn du so willst, Dreiecksflosse. Auf jeden Fall paddelst du so schnell wie möglich zum Boot zurück, ziehst dich an der Bordwand hoch. Der Skipper oder irgendwer sonst reicht dir die rettende Hand. Mensch, wenn das ein Hai gewesen ist!

Die schwimmen in allen tropischen Meeren. Und Bali gehört nun mal zu den Tropen.

Haie, das weiß jedes Kind, sind skrupellose Mörder und Menschenfresser. Wer ihnen vors Maul gerät oder, noch schlimmer, darin verschwindet, ist erledigt. Der Biss in Arme, Beine, das Opfer unter Wasser zerren, es ertränken und dann genüsslich verspeisen – zu mehr sind sie nicht gut, sagt man. Schwimmen in haiverseuchten Gewässern ist eine feuchte Art von Selbstmord. Kaum im Wasser, selbst wenn es nur knietief ist oder bis zum Bauchnabel reicht, packt dich der heimtückisch heranzischende Hai. Kein Entrinnen, keine Gnade. Haie sind eiskalte Killer.

Das weiß man spätestens seit «Der weiße Hai, Teil I, II, III». Er mag Kinder und Jugendliche lieber als Ältere. Sie schmecken ihm offenbar besser als Erwachsene oder Pensionäre.

Dass es Hunderte unterschiedliche Haie gibt, interessiert offensichtlich keinen. Dass jede Hai-Art anders ist, nur etwa ein Dutzend überhaupt Menschenfleisch mag, will niemand so genau wissen.

Fest steht, es gibt keinen Wasserbewohner, der einen schlechteren Ruf hat, seit Menschen die Weltmeere befahren. Und das ist schon ziemlich lange. Schließlich willst du nur ganz harmlos baden, ein wenig schwimmen und dich im Wasser wohl fühlen. Da kommt so ein Monster hinterrücks angeschossen, legt sich auf den Rücken, reißt das Maul mit mehreren Reihen rasiermesserscharfer Zähne auf und hat nichts weiter im Sinn, als dich fertig zu machen. Ist doch gemein, ganz ekelhaft! Nein, wo Haie sind, da kommt echt Stress auf.

Da ist es doch nur recht, dass die Seeleute früher mit Stangen, Peekhaken, Flensmessern auf die Haie einstachen, wenn die etwa angelandete oder erlegte Wale, die schon an der Bordwand größerer Schiffe festgezurrt waren, attackierten. Mit einem Haps so zwischen zehn und 20 Pfund aus der sicher geglaubten Beute herauszubeißen war doch wirklich unerhört!

Kein Wunder also, dass sie ihrerseits gefangen und fertig gemacht wurden, die verdammten Haie. Besonders einfallsreiche Fänger ließen sie am Leben, banden sie zu zweit mit den Schwänzen aneinander und ließen sie wieder ins Wasser zurück. Lustig, nicht?

Früher machte mir die Tatsache nicht so viel aus, dass Haie gefangen wurden und die Jäger ihnen lediglich die Flossen abschnitten, bevor sie sie dann wieder ins Meer zurückwarfen. Haifischflossensuppe war und ist bis heute eine teure Delikatesse. Weniger wählerisch waren die Engländer. Die haben über Generationen hinweg Nordsee- und Dornhaie komplett verarbeitet und in den einen Bestandteil von «Fish 'n Chips» verwandelt. Haifischfleisch mit Pommes. Und die Japaner, die bei der Vernichtung von Meeresgetier die Weltmeister geblieben sind, kennen allein 25 verschiedene Haifischgerichte.

Ist doch cool, oder? Dass bei uns Haifleisch gelegentlich in «Schillerlocken» beim Fischhändler landete, konnte schon mal vorkommen. Ehe die uns fressen, fressen lieber wir sie auf!

Woher ich das alles weiß? Du hast das große Glück, einen älteren Bruder zu haben. Der ist ein ziemlich besessener Gerätetaucher. Der kennt sich im Roten Meer besser aus als wir im Hamburger Stadtpark. Natürlich hat er zu Hause eine riesige Bücherei über die besten Tauchgründe in aller Welt. Und einen extra Packen von Büchern hat er nur über Haie. Klar doch, dass ich die alle gelesen habe, ehe ich in die Tropen ging. Ich werde dir morgen mal so einige Horrorgeschichten über Haie und Menschen erzählen. Da kannst du auch sehen, wie recht die Filmfritzen hatten, die den Weißen Hai in die Luft sprengten oder ihn anders aus dem Verkehr zogen.

Bis morgen Nachmittag erst mal: Gute Nacht!
wünscht dir dein Vater

PS: Träume schön im sicheren Bett von den unglaublichen Haien!

Fressen und gefressen werden –
12 Haifischgeschichten in 24 Sätzen

Lovina Beach, den 9. Dezember

Lieber Tim,
gestern Abend habe ich dir versprochen, noch etwas über grässliche Haifische zu plaudern. Jetzt geht's los:
- Javanische Fischer von der Nachbarinsel Balis erzählen sich eine merkwürdige Geschichte von einem noch merkwürdigeren Hai: Das angriffslustige Tier soll völlig behaart gewesen sein – wie etwa die Seehunde bei uns – und bei einer für es günstigen Gelegenheit einen der Fischer unter Wasser gerissen haben.
- 1916 hat sich ein hungriger Hai durch den Körper eines Bootes gebissen. Im gleichen Jahr kamen vor der Küste New Jerseys, bei New York, fünf Schwimmer durch Hai-Attacken ums Leben.
- Bei einer ähnlichen Begegnung warf ein Hai ein Segelboot mit drei Personen um. Alle Segler ertranken.
- Bei einem stürmischen Segeltörn hatte sich ein Segler an Deck begeben, weil er seekrank geworden war. Während er frische Luft schnappte, sah er sich einem großen Ammenhai gegenüber, der sich durch einen kräftigen Körperschwung auf den Bootskörper geschleudert hatte. Wer als Erstes wegschaute, ist nicht bekannt.
- Philipp Horlay, 17 Jahre jung, staunte nicht schlecht, als er vor einigen Jahren im August vor der Küste von Kaktus Beach umherpaddelte. Ein großer weißer Hai warf ihn von

seinem Surfbrett und zerbiss es in drei Teile – der Surfer kam mit einem blauen Auge davon.
- Mehr Glück als Verstand hatte der erfahrene junge australische Taucher und Schwimmer Rodney Fox, den ein Hai angriff. Als das Tier ihn wüst in Schulter- und Halspartie gebissen hatte, verpasste er ihm einen Harpunenschuss in Augennähe. Mit vier Litern Blutverlust rettete er sich gerade noch ans Ufer. Die Riesenwunde wurde mit 462 Stichen geschlossen und verheilte völlig.
- Fast hätte ein einheimischer Perlentaucher vor der Küste Neuguineas seinen Kopf verloren, als er, vom Boot springend, direkt im aufgerissenen Rachen eines Hais landete. Das Tier hatte sich schon fest in Hals und Schulter seines Opfers verbissen, als es diesem gelang, sich strampelnd und schlagend wieder freizukämpfen.
- Das berühmte Taucher-Ehepaar Ron und Valerie Taylor verbrachte fast ein ganzes Leben unter Wasser, wobei gerade gewollte Hai-Begegnungen zu ihrem Hauptjob wurden. Trotz Kettenhemdes und mit Stahl verstärkten Handschuhs wurden Valerie einmal fast die Hand und der Arm abgebissen.
- Glück im Unglück hatte ein Pilot aus Ecuador, nachdem sein mit drei Personen besetztes Flugzeug ins Meer gestürzt war. Die angreifenden Haie gingen nur auf die beiden inzwischen an Erschöpfung gestorbenen Besatzungsmitglieder los, während der Pilot nach 30-stündigem Schwimmen und Treiben lebend die rettende Küste erreichte.
- In alten Zeiten wurden auf den Hawaii-Inseln Kämpfe untereinander, aber auch gegen Fische ausgefochten, die alten europäischen Gladiatorengefechten ähnelten. Die

schärfsten und besonders mörderisch aussehenden Waffen waren dabei mit rasiermesserscharfen Haifischzähnen bestückt.
- Neueren Datums sind Hai-Unfälle bei moderner Taucherei und dem Surfsport. Von unten her betrachtet wirken Taucher im Neoprenanzug und mit künstlich die Füße vergrößernden Schwimmflossen wie Seelöwen, zumindest für Haie. Ähnliches gilt für Surfer, die auf dem Brett liegen und mit Armen und Beinen paddeln; da Seelöwen die Hauptnahrung bestimmter Haie sind, werden die Surfer auch prompt so behandelt.
- Vieles am Hai scheint dem Menschen verwertbar, also werden die großen Tiere wegen der Flossen, des Fleisches, des Öls (gegen Sonnenbrand) und wegen des Leders, der Haut (gut für Handtaschen, Hosengürtel, Handschuhe) gejagt und getötet. Wenn die Haie den Spieß umkehren, fangen wir an zu protestieren: Selber fressen ist immer besser als gefressen werden.

So, und nun guten Appetit!
Dein Horst

Haie sind besser als ihr Ruf

Singarajah, den 11. Dezember

Lieber Sohn,
von Haien wissen wir inzwischen allerlei. Ich sehe dich im Geist, wie du im Fernsehsessel hockst und dir mit angenehmem Schauder ein Video reinziehst. «Blaues Wasser, weißer Tod» oder eine andere Produktion, in der die Haie verteufelt werden. Als ich ungefähr in deinem Alter war, wusste man außer finsteren Gerüchten und wilden Geschichten nichts weiter über Haie. Als Erste haben Hans Hass und der Franzose Jacques Yves Cousteau neue Informationen geliefert. Doch auch in ihren Büchern und Filmen sah man meist Taucher mit Harpunen oder Abwehrknüppeln unter Wasser umherschwimmen.

Haie blieben weiterhin gefährlich. Und dazu noch unbekannte Wesen. Denn wer taucht schon mit Gerät tiefer als 30 oder 50 Meter? Bestimmte Haie kommen jedoch über 200 Meter tief; einzelne Ausnahmen stoßen sogar bis auf 1500 Meter Tiefe vor. Dorthin geraten nur ausnahmsweise speziell ausgerüstete und gepanzerte Tauchkapseln.

Wo wir gerade bei Daten sind, möchte ich dir meine höchst interessanten Lieblingszahlen nicht vorenthalten: Auf der Welt gibt's an die 350 unterschiedliche Hai-Arten. Die kleinsten sind so kurz wie ein menschlicher Finger, die größten, für Menschen ungefährliche Walhaie, werden etwa zwölf Meter, einige sogar bis zu 15 Meter lang.

Von all diesen höchst unterschiedlichen Arten sind ledig-

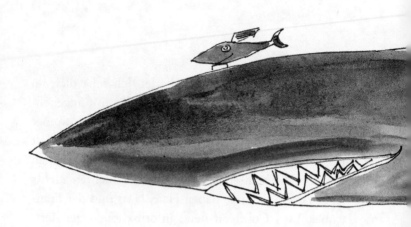

lich zwölf auf Menschenfleisch aus. Einige wenige Haie sind Allesfresser. Alle Übrigen ernähren sich von kleineren Fischen, von Plankton und Meerespflanzen.

Tigerhaie hingegen zählen zu den gefährlichen Meeresbewohnern. Sie können bis zu fünf Metern lang werden. Der Blauhai, nicht minder gefährlich, erreicht in der Regel drei Meter. Die ebenfalls bedrohlichen Hammerhaie versammeln sich bisweilen in «Schulen» von 50, in selteneren Fällen bis zu 100 Tieren. Dabei scheinen die größeren, erwachsenen Hammerhaie eine Art Schutzwall um jüngere und schwächere Artgenossen zu bilden.

Andere Zahlen wollen dem Walhai sogar bis zu 16 Meter Körperlänge zubilligen, dem größten weißen Hai über neun Meter, während der Pygmäenhai nur 15 bis 25 Zentimeter kurz gerät.

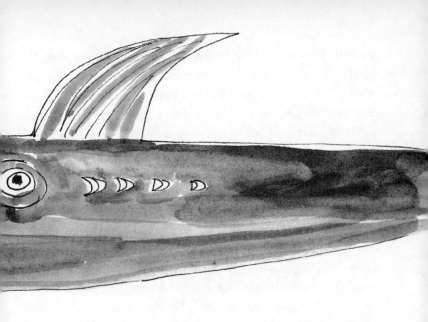

Gegen die allgemein verbreitete Unsicherheit in Bezug auf Haie wird seit dem Zweiten Weltkrieg erheblich angegangen. Damals kamen Hunderte von Matrosen nach katastrophalen Seeschlachten und abgestürzte Flieger in den Weltmeeren um. Ein Großteil davon ist bestimmt gefressen worden. Die Folge: Verhaltensforscher, militärische Einrichtungen der Marine und Luftfahrt machten sich daran, neue, moderne Methoden der Hai-Abwehr zu finden und zu erfinden.

Da wären wir ja von den angedrohten Zahlen etwas abgeschweift. Aber nur kurz noch: Das Gefährlichste an den angriffslustigen Haien sind die Zähne. Der Urhai von vor mehr als 50 Millionen Jahren hatte ein so großes, mit mächtigen Zähnen bewehrtes Maul, dass darin drei Personen Platz gefunden hätten!

Heutige Haie sind kleiner, doch ihre Zähne sind weiterhin

gefährlich. Manche Haie haben zwei bis drei Zahnreihen, die sie durch Muskelkontraktion entblößen und wieder einziehen können. Verliert ein Hai Zähne, weil sie im Opfer oder im Bootskörper stecken bleiben, wachsen sie sehr schnell wieder nach. In einigen Fällen ist der neue Zahn schon nach 24 Stunden voll belastbar und einsatzfähig. Der wiederholt genannte Walhai kann bis zu 3000 kleine Zähne im Maul tragen. Dennoch ist er nur ein harmloser Fisch- und Planktonfresser.

Aber nicht nur die Beißerchen brechen alle Rekorde. Der Walhai hat von allen bekannten Tieren die megadickste Haut, 102 Millimeter ist sie stark, also etwas über zehn Zentimer.

In den letzten Jahren sind die Wanderungen der Haie, einiger Arten wenigstens, näher untersucht worden. 1985 hat man in den USA 7000 unterschiedliche Haie mit Plastikmarkierungen versehen. Die wurden den Fischen nach dem Fang aus sicherer Entfernung nahe der Rückenflosse reingeschossen. Bislang wurden 256 dieser Markierungen aus 15 verschiedenen Ländern zurückgeschickt. An diese ungefähr 20 Jahre haltenden Plastik-«Tags» kamen die Forscher wieder, weil die Haie beim Wettangeln und anderen bescheuerten Ereignissen umgebracht wurden. Den bisherigen Rekord im Distanzschwimmen hält ein Blauhai. Er kam von der Küste des Staates New York bis nach Brasilien! Weiter als 5800 Kilometer.

Zum Schluss noch einige finstere Zahlen: Von 1962 bis 1966 haben Haie weltweit 30 kleinere Boote angegriffen und sich in 161 küstennahe Schwimmer verbissen. Nimmt man eine größere Zeitspanne, wurden nach Schiffsunglücken und Flugzeugabstürzen 476 Menschen attackiert. Die Angriffe verliefen nicht immer tödlich. Bei 41 Angriffen zwischen 1950 und 1982 gab es nur fünf Tote.

In einigen Forschungsstellen Großbritanniens und der USA hat man alle nur erhältlichen Daten über Hai-Angriffe zentral erfasst und ausgewertet. Die Jahresrate der getöteten Personen schwankte dabei zwischen 40 und 300 Personen. Im Vergleich dazu werden allein in den USA 150 Menschen jährlich vom Blitz erschlagen. Die Unfallopfer im Straßenverkehr der westlichen Welt gehen alljährlich in die Tausende. Wir nehmen das schicksalsergeben hin. Niemand kommt deshalb auf die Idee, die Motorräder und Pkws einzuziehen, unter eine gewaltige Ramme zu packen und sie zur besseren Verwendung platt zu pressen.

Die Haie hingegen haben gerade in den letzten Jahrzehnten böse draufgezahlt. Bei Angelwettbewerben muss der Einzelteilnehmer zwischen 25 und 100 Dollar berappen, etwa 40 bis 150 DM. Der Preis für den größten erlegten Hai liegt bei 50 000 Dollar – das sind um die 70 000 DM. Illegale Wetten erbringen noch viel höhere Gewinne.

Vor einiger Zeit haben sich die Australier und Amerikaner etwas Tolles einfallen lassen – Netze, die unter Wasser vor Badebuchten und Erholungsstränden versenkt werden und Haie abhalten sollen. Hier in Indonesien haben sie so etwas noch nicht. In den anderen Gegenden wird's vor allem dort ausgelegt, wo Erholungssuchende und Badegäste massiv auftreten.

Die Ergebnisse für den Hai waren katastrophal: 1940 gingen vor der australischen Küste 761 Haie ins Netz. Genauer gesagt verfingen sie sich in den Netzmaschen und verendeten jämmerlich. 1945 waren es nur noch 260 zum Tode verdammte Tiere. Vereinzelt hat man auch versucht, diese Zäune unter Strom zu setzen. In 16 Jahren starben so in den Schutznetzen und untermeerischen Sicherheitszäunen 20 500 Haie.

An die ebenfalls gekillten schönen Zackenbarsche, Meeresschildkröten, Delphine und Thunfische wage ich dabei gar nicht zu denken!

Eine der schrecklichsten Statistiken führt sehr «cool» auf, dass in jüngster Vergangenheit pro Jahr etwa eine Million Haie von Menschenhand getötet wurden. Einige zu Forschungszwecken, einige mehr noch, um aus ihrer Haut Akten- und Handtaschen herzustellen, Vitamin A abzuzweigen oder wertvolles Hai-Öl zu gewinnen. Die Mehrzahl wurde aus sportlichem Irrsinn und schierer Lust am Töten umgebracht. Nun erzähl du mir, wer da der größere und «erfolgreichere» Killer ist.

Das Thema macht mich langsam ganz krank. Schluss für heute und etwas Friedlicheres vielleicht im nächsten Brief.

Dein Horst

Über Haie, letzter Teil
Singarajah, den 13. Dezember

Lieber Sohn,
«wir sind nicht dazu da, aufgefressen zu werden», behauptet der Mensch. Umgekehrt ist er immer wenig zimperlich gewesen. Allerdings weiß ich aus älteren Berichten, dass Seeleute sich in der Nordsee geweigert hätten, Haifleisch zu verzehren. Der Grund: Die Haie hatten ihre toten Gefährten aufgefressen, die beim Seemannsbegräbnis über Bord ins Meer befördert wurden.

So sensibel sind wir Menschen nicht immer gewesen oder geblieben. Stattdessen ist in der Vergangenheit auf die Raubtiere, die Leichenfledderer der See, mit dem Finger gezeigt worden. Man nannte sie Allesfresser, weil sich in den aufgeschlitzten Eingeweiden erlegter Haie ganze Ladungen von Bierdosen, Handtaschen mit Puderdosen, natürlich auch die Überreste von an- und aufgefressenen Menschen, z. B. Arme, Beine, Hände, Füße, Kleidungsstücke, fanden. Nun gut, dafür mussten die großen Haie in der Vergangenheit neben Vitamin A auch noch Vitamin D liefern, bis die begehrten Produkte chemisch hergestellt werden konnten. Und bis einige Arten gänzlich ausgerottet zu werden drohten. Haie, eine zum Aussterben verdammte Fischgattung?

Das war neu.

Vielleicht hat auch ein wenig Umdenken eingesetzt, als in Ozeanien gefangene Haie, die man am Leben gelassen hatte, in den größten Aquarien der Welt ausgesetzt wurden und so unser Staunen auf sich lenkten. Das sinnlose Abschlachten verlangsamte sich. Denn immer mehr Menschen wurden gewahr, was für schöne, elegant und wasserschnittig gebaute Kreaturen das sind. Wie Torpedos schießen sie hinter den dicken Panzerglasscheiben der Aquarien dahin. Und was sie sonst noch für Qualitäten erkennen ließen: ein unglaublich feines Gehör, eine Nase, die Blut über große Distanzen wittert. Dazu im Nasenbereich ein kompliziertes Sensorium elektrischer Ströme, das einige Haie befähigt, auch im Sand verborgene Beute auszumachen und aufzuspüren.

Manche Hai-Arten, haben Taucherinnen und Taucher herausbekommen, können stundenlang unter Wasser schweben und dort wie im Halbschlaf vor sich hin dösen. Das wurde vor der Küste Mexikos in untermeerischen Höhlen erkundet. Offenbar ist die Sauerstoffzusammensetzung dort durch bestimmte Strömungen anders als direkt unter der Meeresoberfläche.

Und noch mehr konnte bei anatomischen Überprüfungen festgestellt werden: Haie leiden kaum unter Stress, der über Wasser viele Mitmenschen kaputtmacht. Sie kennen keine Krebserkrankungen, und ihre Innereien enthalten womöglich Wirkstoffe, die sich gegen Aids einsetzen lassen.

Gegen Parasiten helfen ihnen Putzerfische, die ihnen sogar Blutegel aus der Rachenhöhle räumen, ohne selbst geschluckt zu werden. Andere Fische fressen ihnen Schädlinge von der Haut, die oft so rau ist, dass wir uns die Hände aufreißen würden, wenn wir in der verkehrten Richtung darüberstrichen. Da sie weder rauchen noch Alkohol oder andere Drogen in sich reinkippen, leben sie viel gesünder als wir!

Das Ehepaar Taylor hat einen ganz wesentlichen Anteil daran, Haiverhalten aus neuem, ungewöhnlichem Blickwinkel zu erfassen. Sie wussten zwar, wie gefährlich bestimmte Sorten werden können – so hat ein Drescherhai, dessen obere Schwanzfinne so lang wie sein übriger Körper ist, einmal mit einem einzigen Schwung einem Fischer den Kopf abgeschlagen. Das und die anderen Horrorberichte, die wir inzwischen kennen, haben die Taylors jedoch nicht davon abgehalten, ohne Schutzkleidung und lediglich von einem stabilen Käfig umgeben, sich Haien zu nähern und ihre Reaktionen zu studieren.

Dabei hatten sie oft Brocken von frisch gefangenem Fisch oder verwesendes Pferde- und Schweinefleisch dabei. Damit konnten sie einige Hai-Arten anlocken, bestimmt nicht die harmlosesten. Sie wussten natürlich, Haie greifen bei jeder Gelegenheit an. Sie attackieren ihre Beute bei jeder Wassertiefe und sind schon halb an den Strand gesprungen, um etwas zu schnappen. Und in den Tropen sind Haie weiter verbreitet als in den gemäßigten Zonen oder in den arktischen Meeren.

Die Taylors gingen in Taucheranzügen auf Forschungsfahrt. Sie erprobten aber auch moderne, aus Stahlgeflecht gearbeitete Gewänder, nicht unähnlich den Kettenpanzern mittelalterlicher Ritter. Solch ein Schutzanzug ist fast haisicher. Er kostet allerdings zwischen 7000 und 8000 DM, und hundertprozentigen Schutz bietet er auch nicht, denn ein besonders gieriger, angeköderter Hai hat sich bei einem Treff so nachhaltig in den Kettenhandschuh von Valerie Taylor verbissen, dass sie ihn verlor. Sie selbst kam mit einigen Druckstellen und leichten Quetschungen davon.

Warum Forscher so etwas riskieren? Das hat viele Gründe: Bestimmt war es am Anfang Neugierde, mit verbesserter Ausrüstung, guten Taucheranzügen, Tiefenmessern, Pressluftflaschen tiefer in die Ozeane einzudringen als je zuvor. Mit leistungsfähigeren Unterwasserkameras und starken Suchscheinwerfern ließ sich dieses geheimnisvolle Leben unter Wasser genauer erkunden. Neue Erkenntnisse über Haie waren dabei ganz wesentlich, herrschte doch weltweit lange Verwirrung, wie die Tiere genau zu benennen waren. Allein im Englischen gab es schon ein erhebliches Durcheinander bei der Namensgebung. Es herrschte Verwirrung darüber, ob ein und dieselbe Gattung auch den gleichen Namen behalten konnte, wenn sie im Atlantik oder im Pazifik angetroffen wurde, ob sie eine gelbliche oder bläuliche Tönung der sonst weißlichen Bäuche aufwiesen. Haie genauer kennen zu lernen bedeutete auch, sich bei Angriffen besser zur Wehr setzen zu können. Und bei all diesen waghalsigen Tauchunternehmen spielte der «Kick», die Abenteuerlust, keine geringe Rolle.

Natürlich wurden bei den Unternehmen auch Besonderheiten des Haies, seines Körperbaus, seiner Fähigkeiten erkannt, etwa, dass er noch ein drittes Augenlid hat, das er beim Angriff und Zubeißen schließen kann. Und wer es riskiert, große und kleine Haie mit Ködern in der Hand anzulocken, sie in freier See oder aus halbsicherem Käfig zu füttern, kann genauer beobachten, wie sie ihre Beute umkreisen oder blitzschnell im Überraschungsangriff zupacken können.

Von wegen Sicherheitskäfige! Wiederholt ist es passiert, dass Blauhaie und vor allem der unglaublich kräftige Weiße Hai solche Käfige nicht nur angerempelt und die Taucherinnen und Taucher darin bis zur Seekrankheit durchgeschüttelt haben, sondern sie zerbeulten und die Haltetaue durchbissen, sodass die Taucher sehen mussten, wie sie ihre Haut heil nach oben ins Boot retten konnten.

Wie sich gegen angreifende Haie wehren? Da ist durch die Jahre vieles erprobt worden. Einige Taucher schwören darauf, dass mittelgroße Haie abdrehen, wenn man ihnen gegen die Nase boxt. Versuch das mal, klappt nicht immer. Andere meinen, sehr wirkungsvoll sei es, ihrerseits den Hai anzugreifen, direkt diretissima auf ihn zuzuschwimmen. Das würde ihn stark beeindrucken! Klappt auch nicht immer, trifft nur für bestimmte Haie zu, nicht für alle. Wieder eine andere Methode empfiehlt, den heranzischenden Hai laut anzubrüllen. Mach das mal unter Wasser, ohne dabei das Mundstück des Atemgerätes zu verlieren. Natürlich gibt es keine Waffe, die nicht am Hai erprobt wurde. Neben Angel, Harpune, Enterhaken, Flensmesser der Walfänger hat sich das Haimesser bewährt, das jeder ernsthaft Tauchende immer griffbereit am Unterschenkel mit sich führt.

Einige Angegriffene haben sich schon nach einem Biss

durch Zuschlagen, Boxhiebe und Ins-Auge-Stechen vom Angreifer freikämpfen können. Bekannt sind auch Rettungsaktionen, bei denen Mitschwimmer oder Helferinnen einen angreifenden Hai vom Opfer, das er gepackt hielt, weggerissen haben. Dazu gehört natürlich Mut, denn ein wütender Hai haut nicht gleich ab, sondern beißt nach allen Seiten.

Klar doch ist mit Gewehren auf Haie geschossen worden, und Unterwassergeräte wurden entwickelt, bei denen sich aus einem Rohr tödliche Schüsse oder vergiftete Spritzen abfeuern lassen. Gaspatronen wurden probiert, Farbstoffe und Chemikalien wie Kupfer-Azetat, die Haie abschrecken sollten. Bei Rettungswesten und Schlauchbooten erwies sich sehr bald, Orange ist eine ganz ungünstige Farbe! Sie lockt Haie eher an, als dass sie sie abhalten würde. Eine Erfindung der Marine hat sich als ziemlich nützlich bewiesen. Bei ihr halten drei kräftige aufblasbare Schwimmringe einen Sack, in dem der Schiffbrüchige sich so lange behaupten kann, bis Hilfe naht.

Schluss erst mal mit den finsteren Geschichten. Lieber nehme ich dich mit auf einen kleinen Ausflug in die Religion. Nicht in Indonesien, sondern weiter östlich in den Pazifik hinein gibt es Überlieferungen und Berichte davon, wie Menschen und Haie friedlich miteinander auskamen. Bekannt sind Inseln, auf denen die Haie wie Gottheiten angebetet, von Priestern beschworen und gefüttert werden. Dort können Kinder,

Frauen und Männer unbehelligt plantschen und im Wasser herumschwimmen. Daneben patrouillieren Haie und tun ihnen nichts.

Was in unseren Breitengraden, im Mittelmeer, oft den Delphinen angedichtet wird, gilt in einigen tropischen Bereichen auch für Haie. Dort führen bestimmte Haie die Fischer zu den Fischschwärmen, die sie dann fangen können. Und in überlieferten Legenden ist von Haien die Rede, die sogar in Seenot geratene Fischer auf ihrem Rücken ins sichere Gewässer gebracht hätten. Kein Wunder also, wenn auf bestimmten Inselgruppen Mensch und Hai so aneinander gewöhnt sind, dass zu bestimmten Zeiten die angeblichen Bestien der Meere nach oben kommen und sich von Medizinmännern und Schamanen den Buckel kraulen lassen!

Falls du mal nach Sri Lanka kommst, triffst du vielleicht auf Haibeschwörer. Bei denen kannst du dann Amulette, Rasseln und mit Tabu belegte Geräte kennen lernen, auch besondere Musikinstrumente, mit denen sie Haie ruhig stellen können. Vielleicht wirst du dann auch die Geschichte hören, dass manche Menschen sich in Haie verwandelt haben und umgekehrt. Aber wie will man das rausfinden, wenn man den Zauber nicht kennt!

Nun gut, Schluss für heute. «Happy diving» wünscht dir
dein Väterchen

PS: Jetzt fällt mir noch eine allerletzte Geschichte ein, fies und gut zugleich: Ein wohlhabender Knopf pumpte sich an der amerikanischen Küste ein teures Boot, fuhr hinaus und fing einen kleinen Hai, den er vorerst am Leben ließ. Dem steckte er eine Sprengladung mit Zeitzünder ins Maul und warf das geschundene Tier zurück ins Meer. In seinen letzten Lebenssekunden schwamm der Hai direkt unters Boot; die Sprengladung explodierte und riss ein mächtiges Loch in den Bootsleib. Mit Müh und Not rettete sich der Unmensch an Land und durfte zur Belohnung für seine Gemeinheit 50 000 US-Dollar Schadenersatz blechen. Ich will ja nicht schadenfroh sein, aber …

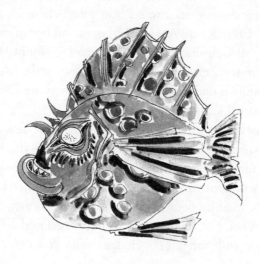

Nachschlag für die Haie

Singarajah, den 13. Dezember

Lieber Tim,
wenn du in die schlauen Bestimmungsbücher schaust, wirst du feststellen: Kein Hai sieht aus wie der andere! Vom Teppichhai gibt es allein sieben Unterarten. Alle leben meist nahe am Meeresboden. Ihre Haut ist von seltsamen, aber ungemein täuschenden Tarnflecken bedeckt, daher kommt der Name. Noch toller sieht der Goblin- oder Zwerghai aus, der über dem Maul einen balkon- oder dornartigen Vorbau trägt. Und der Laternen-Stachelhai ist auch nicht ohne, der hat doch tatsächlich eine Licht spendende Lampe am Bauch eingebaut!

Sie alle sind harmlose Kleinfisch- und Planktonfresser. Keine Spur davon, dass sie Menschen angreifen. Es sei denn, wir trampeln auf sie drauf. Dann kann auch der Engelhai ungemütlich werden, der breite Seitenflossen wie ein Nachthemd neben sich am Boden flattern lässt, während er Schalentiere knabbert. Ungewöhnlich und interessant sieht der Sägehai aus, wenn er mit seinem überlangen Vorbau den Meeresboden nach Beute durchwühlt. Und nochmals schlauer wurde ich, als ich beim berühmten Sachbuch-Autor Vitus B. Dröscher nachlas, was er rausgefunden hat:

Beim Sambesi-Hai hat er genau nachgezählt und fünf Zahnreihen entdeckt. Der Sandtiger-Hai gar verbraucht in 18 Jahren an die 10 000 Zähne! So gut wie der möcht ich's auch haben, dann wäre mein Zahnarzt arbeitslos. Zum Alter meint

Dröscher, manche Haie würden zwischen 30 und 50 Jahre alt, Ausnahmen bis zu 70. Wir konnten einfach weder lange genug noch genauer beobachten, wie das Dasein der Fische in Gefangenschaft verläuft. Nur ihren Geschwindigkeitsrekord haben wir gemessen: 70 km/h. Da siehst du alt aus, wenn du vor dem unglaublich schnellen Mako-Hai abhauen wolltest. Der hat selbst amerikanische Schnellboote hinter sich gelassen. Klar doch, im Meer haben Haie außer uns noch andere lebensbedrohende Feinde, Riesenkalamare und Kraken mit unglaublich langen Armen, Seeschlangen, Schwert- und Killerwale.

Nun gut, jetzt ist aber endgültig Schluss damit …
Dein Vater

Nachts einen Vulkan besteigen
Am Fuße des Batur, den 15. Dezember

Lieber Tim,
wenn ich jetzt von Vulkanen berichte, hast du schon eine erhebliche Ahnung. Im letzten Urlaub waren wir auf der kanarischen Insel Lanzarote und sind da auf jeden erreich- und besteigbaren Vulkan gekraxelt. Die meisten von ihnen waren harmlos, erloschen. Erst wenn wir über die steilen Flanken hochgekrabbelt waren und oben am Kraterrand standen, merkten wir, dass hier vor vielen Jahren der Teufel los gewesen war und aus der Öffnung im Erdinnern Feuer, rot glühende Lava und Asche, vermischt mit mächtigen Felsbrocken, herausgeschleudert worden waren.

Auf Bali und in Indonesien ist das entschieden anders. Du merkst es schon, wenn du mit mir zusammen, im Geiste zumindest, auf den balinesischen Vulkan Batur steigst.

Die Jungen, die uns bei der Ankunft unten im Dorf begrüßen, überzeugen uns, wir sollten mit ihnen früh um vier Uhr auf den nahen Berg hinaufsteigen. «Vier Uhr morgens», hör ich dich rufen, «da liege ich doch noch im Tiefschlaf!» Hilft nichts. Aufstehen, Taschenlampe überprüfen, Reservebatterien einstecken. Nachfühlen, ob die gefüllte Kaffee- oder Teeflasche im Rucksack steckt, etwas Obst und Kekse zum Knabbern dazulegen. Pullover oder dickere Jacke nicht vergessen, denn nachts sinkt die Temperatur erheblich ab, und schon geht's los. Stockfinster ist's draußen. Du kannst kaum die Hand vor Augen erkennen. Dann guckst du in die

Richtung, in der unser Vulkan liegen soll, und erkennst in weiter Ferne Lichtpunkte, die an seinen Steilhängen langsam und unaufhaltsam entlangkriechen.

Nein, kein Ausbruch! Nur andere Bergsteiger, die schon eine Stunde vor dir aufgestanden sind und bereits den Berg hinaufkrabbeln. Das war schlau, denn der Berg ist über 2000 Meter hoch. Und es braucht halt einige Zeit, bis zu seinem Krater hinaufzusteigen. Unsere Vulkane auf Lanzarote waren nur vergleichsweise schlappe 500 bis 600 Meter hoch.

Unser Führer heißt Nyoman und ist etwa so alt wie du, zwischen 12 und 13. Neben ihm laufen noch einige seiner Freunde mit. Sie schleppen mit Wasser gefüllte Eimer nach oben, in die sie Cola- und Sodaflaschen zum Kühlen gelegt haben. Das machen sie immer, wenn Touris den Vulkan besteigen.

Sie müssen Augen wie Katzen haben, denn in ihren Badeschlappen laufen sie leichtfüßig dahin, während ich im Dusteren trotz Taschenlampe alle naselang ins Stolpern gerate.

So weit der Taschenlampenstrahl reicht, trifft er auf dünne Baumstämme und abgeerntete Felder. Als wir den Fuß des Berges erreicht haben und emporzusteigen beginnen, ist es ratzekahl um uns. Nur Asche und Schlacken umgeben uns und allmählich der Gestank nach faulen Eiern. Schwefelausdünstungen sind das, die vom Kraterrand herunterwehen.

Du fragst dich bestimmt, weshalb wir im Dunkeln aufbrechen mussten. Ganz einfach. Nachts und in der Frühe ist die Sicht noch klar. Außerdem ist der Sonnenaufgang von oben sehr eindrucksvoll und stimmungsreich. Das sollte man sich nicht entgehen lassen. Später kommen dann Dunst und Wolken auf. Danach lässt sich noch um den Kraterrand herumbalancieren und bald auch an den Abstieg denken.

Doch ehe es so weit ist, kommen wir noch hübsch ins Schnaufen und Schwitzen. Der Pullover verschwindet im Rucksack und auch die Wasserflasche ist bald leer. Sehr rasch beginnt es zu dämmern. Wir erkennen vor und über uns einige Bretterbuden. Dort sitzen schon die Jungs mit ihren gekühlten Flaschen und bieten sie mit kräftigem Aufpreis an. Ein bisschen müssen sich die Mühe und das Geschäft ja schließlich auch lohnen.

Wenn sie ihre Getränke zum zwei- oder dreifachen Preis losgeworden sind, laufen, hüpfen, rasen sie nach unten. Zwar sind sie gut trainiert und kennen jeden Quadratmeter «ihres» Vulkans. Doch da sie beim Lauf nach unten Kopf und Kragen riskieren, kommt es oft zu Stürzen. Einige haben sich dabei Bänder und Sehnen gezerrt, und Nyoman zeigt mir einen leidlich verheilten Knochenbruch am Unterschenkel. Halbwegs noch Glück gehabt. Aber gegen acht Uhr früh müssen sie entweder in der Schule sein – oder den Erwachsenen und älteren Geschwistern bei der Feldarbeit helfen.

Die Touris finden jetzt bei Tageslicht ihren Weg allein. Wir staunen über den tiefen Krater, aus dem es an verschiedenen Punkten noch qualmt und dampft. An einigen Stellen wird über besonders heißen Bodenöffnungen ein kleines Feuer entfacht, werden rohe Eier zum Kochen gebracht.

Der Vulkan lebt weiter. Erst vor wenigen Monaten hatte er seinen letzten Ausbruch. Von der höchsten Stelle erkennen wir, wo die frische Lava ihren Weg auf breiter Bahn in die Tiefe nahm. Ganz schwarz wie frischer Asphalt hebt sie sich von der älteren bräunlichen Gesteinsmasse ab. Erst jetzt kriegen wir mit: Unser Vulkan steckt in einem noch viel größeren, weit gestreckten und auch höheren Vulkan! Dieser Riesenkrater wird von den Vulkanologen Caldera genannt. Diesmal hat's beim Ausbruch von Ascheregen und dem frischen Magma, das später zur Lava erstarrt, keinen weiteren Schaden gegeben. Doch das war nicht immer so:

Als wir am steilen Kraterrand entlangbalancieren und bald auch, in dicke Aschestaubwolken gehüllt, talwärts traben, treffen wir auf eine befahrbare Straße. Sie führt mitten durch die Ruinen eines ehemaligen Dorfes. Nur noch die Grundmauern sind zu erkennen. Die wahrscheinlich aus brennbarem Material gedeckten Dächer fehlen. Keine Menschenseele ist zu sehen. Felder gibt es hier auch nicht mehr. Bei einem früheren Ausbruch wurde das Dorf vom Vulkan zerstört. Asche und Lava bedeckten die Äcker. Glühende Brocken entzündeten die Gebäude. Alles brannte nieder. Die Ernten waren zerstört. Die Menschen mussten fliehen. Und später lesen wir in schlauen Reiseberichten nach: Auch dieser Berg, den wir gerade in einem scheinbar friedlichen Zustand abgewandert haben, ist ein «Killer-Vulkan»! Früher lag noch ein Dorf unten im Riesenkrater der Caldera. Als der Batur ausbrach, krochen seine glühenden Lavamassen auf die Siedlung zu und zerstörten sie. Das war vor über 80 Jahren, 1917. Die Bauern flohen, kamen aber bald zurück, denn fruchtbares Land hat auch in Bali seine Besitzer oder Pächter. Und wo sonst sollten die Vertriebenen hin? 1926 kam es zu einem noch heftigeren Ausbruch. Jetzt blieb vom Dorf nichts mehr übrig. Zwar konnten einige der Bewohner noch fliehen. Doch anderthalbtausend fanden den Tod. Giftige Gase, glühende Brocken, die heranrückende Lava und ausbrechendes Feuer haben sie umgebracht.

Du merkst, von wegen Paradies – wenn die Vulkane Tod und Verderben spucken, hört der Spaß auf. Dann vergeht auch den sonst immer freundlich lächelnden Balinesen der Humor.

Vom Batur habe ich den größten und noch viel höheren Vulkan der Insel im Morgenlicht liegen sehen. Über 3000 Meter hoch ragt er in den klaren Morgenhimmel, ehe er später wieder in Nebel gehüllt wird. Auf d e n möchte ich gerne auch hinaufsteigen. Zwar sehen die Vulkane hier auf Bali und auf den anderen großen Inseln Indonesiens ähnlich aus, wie Pyramiden mit abgesägter Spitze. Aber wenn du auf sie raufkletterst, ist doch jeder wieder völlig verschieden. Und ich muss dir gestehen, gerade weil er in der Vergangenheit so viel Schaden angerichtet hat, den Balinesen zwar heilig, aber auch ein «Killer» ist, möchte ich rauf. Falls es klappen sollte, schreibe ich dir darüber bald Näheres.

Halt mir die Daumen. Ich halte sie dir auch.

In Liebe dein Vater

Noch 'n Vulkan: Gunung Agung

Besaki, den 17. Dezember

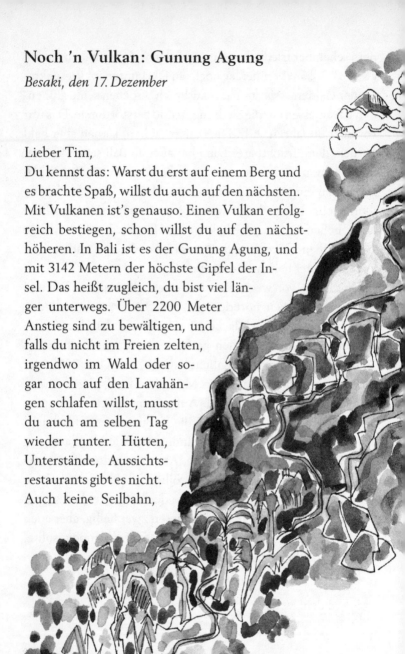

Lieber Tim,
Du kennst das: Warst du erst auf einem Berg und es brachte Spaß, willst du auch auf den nächsten. Mit Vulkanen ist's genauso. Einen Vulkan erfolgreich bestiegen, schon willst du auf den nächsthöheren. In Bali ist es der Gunung Agung, und mit 3142 Metern der höchste Gipfel der Insel. Das heißt zugleich, du bist viel länger unterwegs. Über 2200 Meter Anstieg sind zu bewältigen, und falls du nicht im Freien zelten, irgendwo im Wald oder sogar noch auf den Lavahängen schlafen willst, musst du auch am selben Tag wieder runter. Hütten, Unterstände, Aussichtsrestaurants gibt es nicht. Auch keine Seilbahn,

die dich vielleicht den einen oder anderen Weg bequem hinauf- und wieder hinunterbringt. Keine Chance; es muss alles gelaufen, gestiegen, geklettert werden.

Dieser Berg ist den Balinesen heilig, und an seinem Fuß liegt der Wallfahrtsort Besaki mit zahlreichen Tempeln. Heiliger Berg heißt nicht, dass er nicht auch Tod und Verderben spuckt. Ganz im Gegenteil, im Jahre 1963 kam es während der Vorbereitungen zu einem Jahrhundert-Tempelfest zum bislang heftigsten Ausbruch. Asche, Lava, giftige Dämpfe brachten im Ostteil der Insel über 2500 Bewohner um. Also noch so ein Killervulkan, über die ich dir – falls ich heil auf den Berg rauf- und wieder runterkomme, im nächsten Brief Weiteres schreiben will.

Ein so viel höherer Berg als der kleinere Batur verlangt auch entsprechend Vorbereitung. Regenzeug mitnehmen, obwohl seit Ende Oktober Trockenzeit herrscht, die Regenzeit noch nicht so recht angefangen hat. Dann werden mehr Reservebatterien für die Taschenlampe gebraucht – falls du hier mal herkommst, nimm lieber gleich eine Stirnlampe mit –, mehrere Flaschen mit Tee oder Wasser, denn unterwegs gibt's keine einzige Wasserstelle, auch keine Quelle. Dazu reichlich Bananen, Kekse und anderes Knabberzeug. Fertig, wir können losziehen, ein Junge aus dem Ort Besaki und ich. Aufbruch morgens zwischen zwei und drei Uhr. Die Nacht wird von einem schönen Mond erleuchtet, der wie ein riesiges Osterei am Himmel hängt. Jammer nicht, so ist das nun mal bei langen Touren! Je früher du dich aus dem Bett quälst, desto eher bist du wieder zurück. Logisch, oder?

Ehe wir nun durch die ersten Maisfelder losstapfen, dann durch einen dusteren Hohlweg, an dessen Rand dicke Baumstümpfe erkennbar sind, fällt mir noch ein, was du mir mal über das Innere der Erde erzählt hast.

Du hattest wohl im Fernsehen eine Verfilmung von Jules Verne gesehen: «Reise zum Mittelpunkt der Erde». Und da war dir der Gedanke gekommen, dass man doch genauso gut im Kraterschlund eines erloschenen Vulkans nur immer tiefer und tiefer steigen müsste, um irgendwann einmal ganz tief unten drin ins Zentrum vorzustoßen. Du dachtest, da gäbe es Gänge, Tunnel und Höhlensysteme. In denen könnte man umhersteigen und eines Tages dann wieder den Rückweg zur Erdoberfläche antreten.

Tut mir ja sehr Leid, ist aber alles Spinnerei, Unsinn, sozusagen Quatsch mit Soße! Der gute Jules Verne hat sich das nur so ausgedacht, denn machbar ist es leider nicht. Noch keine Menschenseele ist je so tief im Erdinnern gewesen. Auf den Mond können wir zwar fliegen, demnächst vielleicht noch ein gutes Stück weiter bis zum Mars, aber zum Mittelpunkt der Erde geht es nicht. Leider verloren!

Warum das so ist? Das hängt mit der dünnen Erdkruste und dem feuerflüssigen Inneren unseres Globus zusammen.

Wenn du erst durch die Erdoberfläche in die Tiefe vorgedrungen bist, wird's immer wärmer und wärmer, je weiter du vorstößt. An den aktiven Vulkanen in Indonesien, in Japan und in Mittelamerika, ist die Erdkruste besonders dünn. Vergleichsweise wie eine Eierschale, hat mal ein schlauer Wissenschaftler behauptet.

Selbst mit dem besten Schutzanzug – ausgerechnet aus Asbest! – könnte sich niemand an dem bald auftretenden feuerflüssigen Magma vorbei ins Innere der Erde hineinschummeln. Keine Chance. Sie oder er würde innerhalb kurzer Zeit verbrennen und zu Asche verglühen. Jetzt verstehst du wahrscheinlich, warum in den tief gelegenen Bergwerken neben frischem Sauerstoff auch immer Kühlung gebraucht wird. Wenn die Hitze unten in 2000 bis 3000 Metern und tiefer immer mehr ansteigt, kann da kein Mensch mehr arbeiten.

Genug geschwätzt. Jetzt muss ich aufpassen, dass ich nicht über frei liegende Wurzeln oder andere Unebenheiten stolpere. Vor mir huscht der Lichtkegel des Führers über dichte Laubkronen, Buschwerk und hohe Farnsträucher. Das wilde Gebell der Hunde aus dem Ort wird immer leiser. Ab und zu wechseln wir ein paar Worte in Englisch oder Bahassa Indonesia. Sonst sind wir damit beschäftigt, uns selbst und unsere Rucksäcke höher und höher zu schleppen.

In den ersten Stunden geht das ganz gut. Etwas trainiert bin ich ja und das Schritttempo ist ganz erträglich.

Der Wald wird lichter und lichter. Die Bäume werden kleiner und verkrüppelt, und als das erste Dämmerlicht über den hoch aufragenden Gipfel vor uns fällt, stapfen wir nur noch über lose Lavasteinchen, dickere Bimssteinbrocken und bald auch durch lockere Asche.

Im Lauf des Morgens und des beginnenden Vormittags kommen wir an eine markante Raststelle. Eine hohe Felswand ragt dort empor, und wenn du dich umguckst, denkst du, du bist auf einer größeren Müllkippe gelandet. Natürlich, wenn die Menschen nicht auf die Berge steigen würden, würden sie auch nicht ihre Abfälle und ihre Essensreste in die Botanik werfen! Es gibt nicht wenige Touris, die zu faul sind, leere Plastik- und Papiertüten, Getränkepackungen und Dosen wieder einzupacken und ins Tal zu tragen. Doch auch vielen Einheimischen macht es nichts aus, leere Zigarettenschachteln, Stanniolpapier, Bier- und Coladosen hinter und unter sich zu werfen. Die besten Rastplätze sind mit dem genannten Unrat komplett versaut und obendrüber flattern noch Zeitungsreste. Wenn ich einer der hier oben hausenden Götter wäre, würde ich all diesen Typen kräftig was auf die Mütze geben. Aber weil niemand für den Mist verantwortlich gemacht werden kann, ziehe ich mir dünne Handschuhe an und beginne, den gröbsten Dreck zusammenzutragen. Mein jüngerer Führer, etwa 13 Jahre alt, hat auch Spaß am Aufräumen, und so haben wir nach einer Stunde das meiste auf vier Stapeln zusammengetragen. Was damit anfangen? Vergraben und zubuddeln geht nicht. Der Boden ist zu hart. So zünden wir die ganze üble Bescherung an und fackeln sie einfach ab. Ich weiß, ich weiß, ist auch eine Sauerei und das Ozonloch hat sich schon wieder vergrößert. Aber vielleicht bewegt ein

anschließend von uns gemaltes Warnschild andere dazu, die eigenen Abfälle wieder mit runterzunehmen, und der saubere Platz, dass die Nachfolger nicht so viel Dreck hinterlassen. Man soll ja nie die Hoffnung aufgeben.

Anschließend geht die eigentliche Arbeit erst los. Der Berg wird steiler, und wir müssen uns anfangs noch an Wurzeln und Lianen höher ziehen, später einige Steilstücke auch auf allen vieren überwinden. Längst ist die Sonne raus, und weit über uns in der Höhe liegt die Gratkante, die uns später auf festerem Untergrund endlich zum Gipfel gelangen lässt. Geschafft!

Eine dichte Wolkendecke ist unter uns aufgezogen. Durch einige Löcher sehen wir tief, tief unten kleine Dörfer, Reisterrassen und im Fernglas winzig kleine Menschlein und Wasserbüffel in Spielzeugformat. Der Schatten unseres Berges fällt auf eine weiße Wolkenschicht, ein schön geformtes Dreieck mit einer abgeflachten Spitze. Und dann turnen wir am Kraterrand entlang. Hundert Meter etwa stürzen die Kraterwände fast senkrecht ab. Stell dir vor: Der Krater durchmisst 500 Meter. An einigen Stellen tritt aus stinkenden Fumarolen Schwefeldampf aus. Doch gefährlich wird's nicht. Wir hocken etwas in der Sonne, knabbern unsere Vorräte auf, trinken die nächste Teeflasche leer. Ich bin sehr zufrieden und schaue zur nahe gelegenen Nachbarinsel Lombok hinüber. Drüben ragt beherrschend ein noch mächtigerer Berg empor, der Rincani. Mit über 3720 Metern Höhe sieht er sehr verlockend aus. Vielleicht reichen noch Zeit und Ausdauer, ihn in den nächsten Tagen anzugehen. Ich weiß von früheren Reisen her, dass von seinem Kraterrand der Blick auf einen großen schönen See fallen soll. Heiße Quellen gibt's da drüben, und am tollsten ist: Aus dem See ragt noch ein aktiver, kräftig dampfender Aschenkegel auf.

Doch ehe ich dort drüben mein Glück versuche, muss ich erst mal von diesem Zapfen hier auf Balis ebene Erde runter.

Nach den sechs bis sieben Stunden Aufstieg merke ich natürlich schon meine Muskeln und Knochen. Und weitere fünf bis sechs Stunden müssen wir rechnen, um über rutschige Lavahänge, weiche, zum Einsinken einladende Aschenfelder in die Tiefe zu traben. Sahen wir beim Aufstieg über Wurzeln und Baumgeäst wie Jünger Tarzans aus, so ähneln wir beim Staub aufwirbelnden Abgang auf allen vieren, im Schildkrötengang, strauchelnd und fast stürzend, Schülern von Käpt'n Haddock aus der «Tim und Struppi»-Serie.

Leer ist der Magen und in den Trinkflaschen findet sich

kein Tröpfchen mehr. Nach zwölf Stunden bin ich unten im Wald so müde und ausgedorrt, dass ich meinem Begleiter vorschlage, er solle mich einfach hinter dem nächsten Baum einschlafen lassen. Doch der redet mir gut zu, stellt mir ein leckeres Reisgericht bei einer Verwandten und eine große Flasche eiskalten Biers oder vielleicht auch zwei in Aussicht.

So wanke ich denn brav hinter ihm her, setze meinen Bergstock ganz mechanisch ein und ziehe mich hinterher. Nase und Ohren, Augen und Haare sind voller Staub. Verschwitzt und stinkend kleben meine Klamotten an mir. Keine Chance, mit dem strahlenden Reinhold Messmer in Konkurrenz zu treten. Außerdem geben meine Bergstiefel langsam und sicher ihren Geist auf. Das Profil ist vom scharfkantigen Gestein abgewetzt. Die Brandsohle guckt schon hervor und die Schuhbänder mussten mehrmals geknotet werden. Ohren- und Nasebohren wird eine echte Sensation.

Und wieder bellen und heulen die Hunde vor den Häusern Besakis. Der Mond ist noch eieriger aufgegangen. Eine Prozession von Frauen mit brennenden Kerzen begegnet uns bei den ersten Tempeln. Mir wird ganz weihnachtlich zumute. Und halb tot erreiche ich doch tatsächlich die Reistafel und das Bier ...

Der König ist tot, es lebe der König!
Dein Horst

Fahrt zum Krakatau – dem Killervulkan

Besaki, den 19. Dezember

Lieber Sohn,
hast du etwa noch nicht bemerkt, dass ich völlig verrückt nach Vulkanen bin?

Das ist schon so, solange ich zurückdenken kann. Als Junge habe ich Mund und Augen aufgerissen, wenn ich in alten Büchern aufregende Berichte von Ausbrüchen las und die Bilder dazu verschlang. Damals hatte ich keine Ahnung, dass ich selbst einmal auf solche «gefährlichen» Berge steigen würde. Du erinnerst dich ja selbst an Lanzarote, daran, dass die meisten von ihnen wirklich ruhig und ganz harmlos sind. In Indonesien ist das leider entschieden anders.

Von den über 300 Vulkanen sind 100 aktiv. Das heißt nicht, sie spucken alle permanent Lava aus oder schleudern Steine in die Gegend. Aber wenn du auf ihnen herumstiefelst, wird's schon mal hübsch heiß unter den Sohlen. Und an vielen Stellen dampft und faucht es.

Über viele Jahre habe ich alles gelesen, alle Bücher gewälzt, in denen Vulkane beschrieben wurden. Über indonesische Vulkane habe ich in einem Heft mit ganz dünnem Luftpostpapier alles festgehalten, was zu finden war. Auf mehreren Reisen habe ich das Heft mitgeschleppt. Deshalb habe ich hier alles parat und kann dir schreiben, warum es mich immer wieder nach Südostasien zieht.

Wenn ich dir an dieser Stelle etwas über «Killervulkane» erzähle, wäre es praktisch, du schlägst dazu im Atlas eine Weltkarte auf oder besuchst einen deiner Klassenkameraden, der einen Globus hat. Ich verspreche dir, jetzt geht's rund!

In meinen Notizen spielte das Stichwort «Krakatao» oder Krakatau immer eine besondere Rolle. Wahrscheinlich ist kein Vulkan in Asien gründlicher erforscht und beobachtet worden. Das passierte, als er eigentlich schon gar nicht mehr existierte.

Wenn du auf deiner Karte die lang gestreckte Insel Java von West nach Ost durchfährst – noch besser, du wanderst langsam und im Schlängelkurs die Strecke ab –, dann kommst du an 60 bis 70 Vulkanen vorbei. Über 20 von ihnen sind noch aktiv, das heißt, es besteht immer die Gefahr, dass nach vorangegangenen Erd- oder Seebeben, nach Überhitzung und durch angesammeltes Gas der erstarrte Pfropfen eines Vulkans explosionsartig in die Höhe geschleudert wird. Jetzt noch ein Stückchen von der Westküste Javas hinein in die Sundastraße, die zwischen deiner Insel und dem benachbarten Sumatra liegt, und du kommst zu einigen Inselchen, die den Rest des einstigen Krakatau bilden.

50 Kilometer musst du mit einem Motorboot fahren. Und du musst im nächstgelegenen Hafen noch Gesellschaft suchen, die mitfährt. Sonst wird der Spaß zu teuer. Vor einigen Jahren hatte ich Zeit und Nerven zu warten, bis endlich die Überfahrt klappte. Lange bevor etwas von den Vulkanresten Rakata, Verlaten und Lang zu sehen war, konnten wir eine Rauchsäule ausmachen, die sich über dem Horizont erhob. Es waren die Lebenszeichen von «Anak Krakatau», dem Kind des Krakatau. 1927 tauchte es unter mächtigen Wellen und mit feurigem Ausstoß aus dem Meer empor. Wir sind dort ange-

landet und zum Kraterrand emporgestiegen (gar nicht schwer). Dann ging's am Kraterrand entlang. Beim Auf- und Abstieg studierten wir die Bäume und Pflanzen, sahen Schmetterlinge hin und her flattern. Geckos huschten vor uns davon, und ein bunt schillernder Tauchvogel schwirrte vor uns in die Luft und versteckte sich im nächsten Gebüsch. Da wir nur begrenzte Zeit dort bleiben konnten, jagte ich fünf Rollen Film durch die Kamera, um später noch zu wissen, wo ich überhaupt war. Dann ging es auch wieder zur Küste und nach Java zurück.

Na und, wirst du fragen, war's das schon? Klingt doch nicht so toll.

Ich sollte deshalb wohl besser früher anfangen: 820 Meter hoch ragte der damalige Hauptgipfel des Rakata als höchste Spitze der Insel empor. In vorgeschichtlicher Zeit soll er mit untermeerischem Sockel sogar an die 6000 Meter hoch gewesen sein. Im Mai 1883 rührte er sich nach längerer Ruhepause. Mit mächtigem Krachen wurden heiße Lava, Asche und Bimssteine in die Luft geblasen. Während der nächsten Monate konnten die Einwohner im fernen Batavia, heute Indonesiens Hauptstadt Jakarta, beobachten, wie der Himmel von Aschenwolken verfinstert wurde.

Am 19. Juni, am 11. August und schließlich am 26. August kam es zu weiteren Ausbrüchen, die schließlich so heftig wurden, dass sich ein englischer Kapitän darüber beklagte, dass seiner Mannschaft die Trommelfelle platzten. Dabei waren sie über 40 Kilometer von der Eruptionsstelle entfernt!

Schließlich kam es zum schrecklichsten Ausbruch, bei dem auch der Hauptgipfel der Insel zerbarst. Die zunächst nur 27 Kilometer hohe Säule aus Lava, Felsbrocken, Asche und glühender Masse wuchs auf über 50 Kilometer Höhe. Die Explosion war so unglaublich laut, dass die Menschen im Inneren Australiens bei Alice Springs und auf der Insel Mauritius nahe Madagaskar noch den Krach hörten. Sieh dir das mal auf der Karte an oder schau ins Guinness-Buch der Rekorde. Es war, soweit wir wissen, das lauteste Donnern, das jemals die Erde erbeben ließ. Ein «Heavy Metal»-Konzert oder Techno-Gedröhn ist dazu vergleichsweise nur ein Mäusegewisper ...

Mit der Zerstörung des Vulkans ging eine untermeerische Verschiebung von Platten einher. Die Folge waren 30 bis 40 Meter hohe Wellen. Sie rasten auf die Küsten Javas und Sumatras zu, rissen viele Ortschaften und ganze Städte ins Meer. Die traurige Bilanz: etwa 160 menschliche Siedlungen und das angrenzende Hinterland vernichtet, über 36000 Tote.

Wie die Vulkanologen später feststellten, hatte sich nach der ersten Explosionswelle unter dem Vulkan ein Hohlraum von etwa 300 Meter Tiefe gebildet. In den stürzten die Trümmer der Insel hinein und verursachten weitere verheerende Flutwellen. Sie trugen, weil es dort auch öfter zu Katastrophen kommt, einen japanischen Namen, «Tsunamis».

Am besten, du setzt jetzt deinen Globus in Bewegung und hältst deine Uhr daneben, denn die Auswirkungen der Flutwellen waren noch zwölf Stunden später in 7000 Kilometer Entfernung auf der Arabischen Halbinsel zu spüren. Nach 15 Stunden erreichte der Wellengang Südafrika, wenn auch nicht mehr so stürmisch, nach 32 Stunden die Küsten Frankreichs und veränderte ebenfalls dort die Wasserstände.

Und erstaunlich ist auch, in welchem Tempo die Asche- und Staubwolken durch die über der Atmosphäre liegende Stratosphäre um den Globus zogen. Es kam nicht nur zu

den
brül-
lenden
knallroten
Sonnenunter-
gängen, die wir
alle so lieben, sondern
Sonne und Mond bekamen manchmal
einen Blau- und Grünstich. Seltsam, nicht wahr? Forscher
überprüften vor Ort und in fernen Ländern, wo der Staub her-
unterregnete und wie er beschaffen war. Sie entdeckten, dass
es glasartige winzige Kristalle mit Luftblasen waren.

In Batavia mussten die Menschen auch tagsüber Fackeln anzünden, um für Licht zu sorgen. Der Tag hatte sich zur Nacht verwandelt – Nacht blieb natürlich Nacht. Eine der neun Meter hohen Tsunami-Wogen hatte ein Kanonenboot mehrere hundert Meter weit an Land geschleudert. Auf anderen Schiffen, die sich noch im Wasser halten konnten, bildeten sich an den Mastspitzen züngelnde Flammen – «St.-Elmsfeuer», die sich bei Gewittern auch in unseren Bergen an Metallgegenständen zeigen, bevor das richtige Gewitter losknallt. Wieder auf einem anderen Schiff musste die Mannschaft schwer schuften, um die Massen herabregnender Asche und Bimssteine von Bord zu schippen, sonst hätte das Boot Schlagseite bekommen und wäre abgesoffen. Mindestens zweimal umkreisten die Asche- und Staubwolken unseren Erdball, ehe sie sich in Richtung der Pole auflösten.

Schon drei Wochen nach der Katastrophe, die zur berühmtesten neben dem Ausbruch des Vesuvs wurde, trauten sich die ersten niederländischen Forscher auf die Reste der einstigen Insel Krakatau. Nur noch Teile waren von ihr erhalten geblieben. Natürlich war kein Lebewesen mehr anzutreffen. Außerdem waren alle Pflanzen, Büsche, Bäume verbrannt und verkohlt. Ein Jahr später wurde jedoch schon wieder eine Spinne entdeckt. Kein Mensch weiß zu sagen, wie sie auf die Vulkanruine gelangt war!

Es ist absolut verblüffend: Sehr rasch erwachte das Naturleben auf Krakatau oder besser auf dem, was die Katastrophe von ihr übrig gelassen hatte. Algen, Flechten, erste Moose, die offenbar nicht so viel Feuchtigkeit wie bei uns brauchen, waren die ersten Pflanzenarten.

Krakatau wurde zur vulkanologischen und biologischen

Forschungsstelle. 1886 konnten die Forscher 34 verschiedene Pflanzen, 1896 schon Zuckerrohr, Orchideen und Kokospalmen ausmachen. Das Meer mochte Samen angespült haben. Im Vogelkot waren weitere enthalten. Und richtig, auch die Tiere kehrten wieder zurück! Vögel, Insekten, Fische an den Küsten, Eidechsen, Warane, Fledermäuse, verschiedene Käferarten, Tauben und Mäuse. Ob sie auf treibenden Holzstämmen herangeschwemmt worden waren oder von inzwischen wieder ankernden Booten und Schiffen Einzug gehalten hatten, ist nicht mehr genau festzustellen. 1919 und 1929 schien es so, als hätte es die Katastrophe zuvor gar nicht gegeben. An die 300 unterschiedliche Arten konnten registriert werden. Selbst Pilze wurden gefunden.

Doch 1980 kam es wieder zu größerem Aufruhr am Anak Krakatau, dem aus dem Meer aufgestiegenen Kind des einstigen Berggiganten.

Bei einem vorangegangenen Ausbruch war 1953 wieder einmal die gesamte Vegetation zerstört worden. Doch auch von diesem Einbruch hat sich die Insel inzwischen wieder erholt. Wenn du selbst vielleicht eines Tages mit mehr Zeit herkommst, als ich sie hatte, wirst du vielleicht sogar Schlangen antreffen und den abendlichen Flug der Fledermäuse beobachten können.

Ich denke, wir könnten beide erst mal eine kleine Pause vertragen. Genug zu verdauen gibt's. Morgen werde ich meine anderen Notizen kopieren und dir zuschicken. Ich kann aber jetzt schon versprechen, es kommt noch doller!

Sei gegrüßt bis morgen und alles Gute von deinem
Vater

PS: Falls ich dich erfolgreich mit meinem Vulkan-Fieber angesteckt haben sollte, kann ich dich ein wenig trösten: Du musst nicht erst den weiten Weg nach «Insel-Indien» antreten. In Italien gibt's sehr hübsche, keineswegs friedliche Vulkane. Denk bloß an die Nachrichten über den Ätna! Und den Vesuv gibt's auch noch und einige kleine Inseln, die nur aus grummelnden Bergen bestehen. Du findest das schon raus. Oder strampel mit dem Fahrrad nach Frankreich. Da liegen gleich 60 Vulkanruinen im Zentralmassiv. Und wie wär's mit Deutschland? Klar doch, auch wir haben Reste von vulkanischen Aktivitäten in diesem unserem Land. Informier dich mal, wenn's dich interessiert. Alles muss ich dir schließlich nicht verraten oder vorkauen. Und von Islands Vulkanen schweig ich lieber fein stille.

Weiter geht's mit den Killervulkanen
Besaki, den 20. Dezember

Lieber Tim,
gerade finde ich in einer Zeitung die knappe Meldung:
«Beim Ausbruch des Vulkans Merapi auf der indonesischen Hauptinsel Java sind nach neuester Bilanz mindestens 37 Menschen ums Leben gekommen. Wie die Behörden mitteilten, werden weitere Menschen vermisst. Einige Verletzte schweben in Lebensgefahr ...»

Das klingt zwar schlimm, ist leider aber nur ein Klacks, verglichen mit dem Desaster, das gerade dieser Vulkan in der Vergangenheit anrichtete. War die Verwüstung durch den Krakatau auch die schlimmste, so haben doch auch andere enorme Schäden verursacht. Nehmen wir einmal den Merapi. Schon früher war er dadurch berüchtigt, dass er lebensbedrohliche Glutwolken und Lawinen weiß glühender Lava zu Tal schickte.

Geschichtlich verbürgt ist ein gewaltiger Ausbruch im Jahre 1006. Der Ascheregen vergrub, wie allzu häufig, ganze Städte und in diesem Fall den berühmten Riesentempel von Borobodur unter sich. Wie viele Menschen damals umkamen, ist nicht überliefert. Allerdings hatte der Ascheregen – geologisch und historisch gesehen – auch positive Auswirkungen. Nicht nur, dass er den Reisbauern fruchtbaren Boden bescherte, er half über Jahrhunderte hin, wertvolle Plastiken des benannten Tempels zu konservieren. 50 ewig lächelnde Köpfe und viele Reliefs wurden bei umfangreichen Restaurierungsarbeiten freigelegt.

Solch Gewinn darf aber nicht darüber hinwegtäuschen, dass damals ganze Landstriche entvölkert wurden. Die Folgen eines Ausbruchs habe ich dir ja schon beschrieben: Gerölllawinen, Massen von Vulkanschutt und so fort. Menschen und Vieh traten die Flucht an. Eine Ahnung von den Auswirkungen kriegst du vielleicht, wenn du dir vorstellst, dass der Merapi 28 Kilometer vom großen Tempel, den er teilweise zuschüttete, entfernt liegt. 1973 gab es erneut einen heftigen Ausbruch, doch 15 Jahre später dampfte es nur noch leicht am Gipfel und aus der obersten Krateröffnung. Also bin ich damals mit einigen englischen Gefährten und einem einheimischen Führer hinaufgeklettert. Die neunstündige Schinderei hinauf werde ich mein Lebtag nicht vergessen: Die müden Taschenlampen warfen nur ein mickriges Licht. Der größte

Teil des Aufstiegs war mit losem Lavagestein bedeckt. Kein Schritt war sicher und musste vorsichtig getastet und tappend überprüft werden. Der Ausblick von oben über halb Java und bis zum jenseitigen Bali war natürlich einigermaßen entschädigend. Dann die Krabbelei, das Gerutsche und Geschlinger mit weichen Knien abwärts. Nein, sosehr ich Klettern und Vulkane auch liebe, diesen Merapi besser kein zweites Mal!

Inwischen habe ich in Büchern nachgelesen, was sich noch alles im Gefolge solcher Ausbrüche und in der Nachbarschaft eines so gefährlichen Vulkans abgespielt hat. Beispielsweise hat der Sultan von Yogjakarta, einer Stadt, die nicht sehr weit vom Merapi entfernt liegt, regelmäßige Opfer gebracht. Er hat Reis und kostbare Gewänder hingegeben, die den Vulkan besänftigen sollen. Nicht sehr weit weg, am Vulkan Bromo, wird so etwas auch jetzt noch regelmäßig veranstaltet. Dabei fliegen Hühner und Ziegen in den Krater, um die Dämonen friedlich zu stimmen, die Elemente ruhig zu stellen.

Ist doch klar, sagen wir, ist schierer Aberglaube, «abrakadabra». Damit ist kein Vulkan am Ausbruch zu hindern. Genauso wenig wie bei uns Beten gegen Krebs hilft. Nützlicher sind wissenschaftlich leidlich abgesicherte Warnsysteme, etwa bereitgestellte Seismographen, also Schwingungsmesser, die eine Kurve auf Papier zeichnen. Vor Ausbrüchen erhöhen sich die Ausschläge. Auch Vulkanwächter sind in gefährdeten Regionen anzutreffen. Die steigen auf den Krater, prüfen mit Thermometern, ob sich die Bodenhitze erhöht hat. Wenn's brenzlig wird, geben sie Warnsignale ins Tal. Dort übernehmen Glocken, Gongs und Zimbeln die Alarmsignale. Die Leute können rechtzeitig ausrücken. In Japan setzen sie seit kurzem Gänse als «Alarmanlage» ein. Deren Instinkt funktioniert besser als der unsrige.

Wenn du nun nach all den Schreckensberichten meinst, schlimmer geht's nimmer, muss ich dich enttäuschen: Es geht immer noch wüster und zerstörerischer. Stichwort: Tambora! Dieser fast 4000 Meter hohe Vulkan hat eine solche Masse an losgesprengtem, ausgespucktem Material in die Luft und die weitere Umgebung verstreut wie kein Vulkan auf der Welt je zuvor und danach. Bei seinem Ausbruch 1815 hat er sich selbst geköpft! Statt 4000 Meter blieben nur noch 2835 übrig. Gewalt der Explosion: 100 000 Atombomben etwa des Nagasaki- und Hiroshima-Typs.

Zu dieser Explosion gibt es trotz aller Zerstörung zwei lustige Geschichten. In Batavia war abends ein solches Gelärme und Gedonner zu hören, dass der damalige Vizegouverneur dachte, irgendwo sei ein Krieg ausgebrochen oder ein Schiff feuere Warnsignale oder Hilferufe ab. Also schickte er gleich zwei Schiffe los.

1500 Kilometer weiter, auf der Insel Celebes, heute Sulawesi, deutete der Kommandant eines Kriegsschiffes den Vulkanausbruch als schweren Kanonendonner. Also lud er Soldaten an Bord und dampfte in die Floressee, in Richtung Sumbawa. Beide Schiffsexpeditionen kehrten natürlich unverrichteter Dinge zurück. Sie hatten weder kämpfende Völkerschaften noch plündernde Piraten getroffen. Die gab und gibt es in den Gewässern seit damals noch in großer Zahl.

Erst kurze Zeit später haben die Überlebenden erfahren, dass bei den ungeheuren Explosionen über 10 000 Menschen ums Leben gekommen sind, mit den üblichen, bereits mehrfach geschilderten Verwüstungen. Augenzeugen berichteten, drei steile Feuersäulen seien aus dem Krater gen Himmel geschossen, hätten sich dann mit der herausquellenden Lava vereint und alles in Feuer und Glut verwandelt. Dem nicht genug, brach anschließend die Cholera aus. Wer nicht an den folgenden Hungersnöten zugrunde ging, fiel Seuchen zum Opfer, mindestens weitere 82 000 Menschen.

Auch die übrige Welt blieb von diesem Vulkanausbruch nicht verschont. Die Sonne wärmte nicht mehr so intensiv wie zuvor, Missernten traten in den Staaten Neuenglands in den USA auf. Das Jahr 1816 bekam den Spitznamen «Achtzehnhunderttotgefroren». Im Juni setzte Schneefall ein. Wer im Freien bleiben wollte, musste einen Mantel überziehen.

Der Tambora tat allerdings auch etwas für die Kunst: Hätte es in den Jahren nach der Katastrophe nicht durch die Wolkenschleier und die damit verbundenen strahlenden und glühenden Sonnenuntergänge gegeben, wäre der große englische Landschafts- und Marinemaler J. M. William Turner nicht dazu gekommen, seine unglaublich schönen und imposanten Bilder zu pinseln. Falls es dich in den kommenden Jahren mal nach London verschlägt, geh unbedingt in die Tate Gallery und schau sie dir an! Ein kürzerer Weg jedenfalls, als 12 000 Kilometer weiter zu ihrem Ursprung nach Indonesien zu fliegen.

Ich hab auch diesen unglaublichen Berg vor einigen Jahren gesehen. Da er direkt an der Küste auf seine verbliebene Höhe ansteigt, wirkt er noch immer sehr eindrucksvoll. Oben am Krater bilden sich regelmäßig dicke Wolken, die dem Erdinnern entsteigen, als wollten sie winken: «Macht nur weiter so mit euren irren Atomversuchen und verschiebt die unterirdischen Erdschollen. Hackt ruhig weiter auf dem Globus herum, als hättet ihr einen zweiten oder dritten in Reserve. Ich bin auch noch da!»

Aber das ist Politik, und die hat ja angeblich nichts mit Verreisen und Spaßhaben zu tun. Denken manche Leute. Muss darauf wohl im nächsten Brief zurückkommen.

Erst Jahrzehnte später gewann eine Schweizer Expedition eine ungefähre Ahnung von der Ausdehnung des Aschenfalls. Über das gesamte Indonesien war sie zwischen Sumatra und Timur in unterschiedlicher Stärke verteilt worden: Riesenentfernungen.

Wenn ich diesen Brief nochmals überfliege, wird mir ganz flau im Magen. Ich hoffe, dir geht es ähnlich. Und ich verspreche dir, heftiger geht's in dem letzten Brief, den ich dir vor meinem Abflug nach Deutschland schreiben werde, nicht mehr zu.

In Liebe dein Vater

Schöner Tod. Wie die Balinesen das Lebensende feiern

Denpasar, den 21. Dezember

Mein Lieber,
alles Gute hat mal ein Ende, auch diese Reise. Da passt es ganz gut, wenn ich dir erzähle, was ich hier gerade bei einer Feuerbestattung erlebt habe. Wenn du zu Hause eine Zeitung durchblätterst, dann stößt du mit Sicherheit auf den Teil, der die Todesanzeigen enthält. Da kannst du immer wieder lesen: «... die Bestattung findet im kleinsten Familienkreise und in aller Stille statt.»

Das klingt verständlich, denn ein Todesfall in der Familie ist in der Regel immer traurig. Die Hinterbliebenen sind deprimiert und wollen unter sich bleiben. Publikum ist nicht erwünscht, wenn ein lieber Freund oder ein Angehöriger auf dem letzten Weg zum Grab begleitet wird.

Überhaupt tun wir uns in Europa mit dem Sterben und dem Abschiednehmen schwer. Das merkst du schon, wenn du zuhörst, wie darüber geredet wird oder was für Worte benutzt werden, wenn mit dir darüber gesprochen wird. Da ist «jemand entschlafen», obwohl er nicht mehr aufwacht. Da hat jemand die «ewige Ruhe», aber wenn du an einer kirchlichen Bestattung teilnimmst, ist wiederum bei der Grabrede von Auferstehung und dem ewigen Leben die Rede. Auch das jüngste Gericht wird gerne bemüht.

Was stimmt denn nun und wie passen diese Widerprüche zusammen? Das kriegen wir in einem knappen Brief nicht geklärt. Darüber müssen wir später mal sprechen, wenn ich wieder zu Hause bin.

Und wie ist das in Bali? Völlig anders! Klar doch, die Menschen trauern auch, wenn ein Familienmitglied oder ein guter Freund stirbt. Doch was danach passiert, läuft ganz unterschiedlich zu unseren Bestattungen ab. Erst mal wird der Tote nach kurzen Feiern und Zeremonien bestattet. Vornehme Tote werden einbalsamiert und vorläufig beigesetzt. Die richtige Totenfeier und die dazugehörige Verbrennung findet Wochen, manchmal erst viele Monate später statt. Warum? Bestattungen und Totenfeiern werden mit dem ganzen Dorf und der Gemeinde gefeiert. Das kostet einen Batzen Geld, und der will erst mal angespart sein. Soll für einfache und kleine Leute die Verbrennung zusammen mit den Vornehmen angesetzt werden, laden sich viele Familien enorme Schulden auf, die über Jahre hinweg abgestottert werden müssen.

Die öffentliche Verbrennung findet an einem ganz besonderen Platz statt, und häufig dauert es längere Zeit, bis sie beginnt, weil dafür ein ganz bestimmter Tag abgewartet wird. Öffentlich bedeutet auch, jeder kann hingehen, mitkommen, auch wenn er den Toten gar nicht gekannt hat. So laufen also Scharen von Touristen neben den feierlichen Prozessionszügen her, knipsen und filmen, was ihre Geräte hergeben. Und zu sehen gibt es genug: die in feinstes Tuch gekleideten Mädchen und Frauen, die turmhohe Opfergaben auf dem Kopf balancieren; die vergnügten und lachenden jungen Männer, die schwitzend und keuchend in raschem Tempo einen oft riesigen Beerdigungsturm auf dem Rücken schleppen. Zwischendurch werden sie einige Male abgelöst.

Mit dem Zug zur Verbrennungsstätte geht es noch keineswegs aufs Ende zu. Davor und bei den Vorbereitungen, ehe das Feuer aufflammt, verrichten weiß gekleidete Priester lange Gebete und Zeremonien. Wer nicht direkt daran teilnimmt, sitzt nahe unter Schattendächern oder in einfachen Hütten. Es wird fröhlich geschmaust, getrunken und geplaudert. Dazu spielt pausenlos ein Gamelan-Orchester.

Auf dem Verbrennungsplatz wird schließlich der Turm mit den Sargumhüllungen abgestellt. Im Tod sind auch auf Bali alle gleich, mit einigen Ausnahmen. Adlige bekommen eine aus Papier und Pappmaché gebildete Sargumhüllung in Form eines weißen Rindes, Brahmanen und die obersten Priester eine in Form eines schwarzen Rindes. Manchmal kannst du auch andere Tiergestalten sehen, während die einfachen Leute in ganz normalen Särgen liegen.

Auf dem Weg zur Verbrennungsstätte legen die Turmträger ein gehöriges Tempo vor, damit die immer noch mächtigen Dämonen sie nicht einholen können. Und an Wegkreuzungen drehen sie sich so rasch wie möglich, um böse Geister zu verwirren. Ich kann dir nur schwer beschreiben, was das für einen Tumult gab, denn der Turm aus zusammengebundenen Bambushölzern mit dem Sarggehäuse drin war über zehn Meter hoch. Von manchen Bestattungen wird erzählt, dass die Türme bis zu 20 Metern aufragten.

Die allerletzten Vorbereitungen brauchen Zeit. Die schönen Dekorationen aus bunten Glitzerpapieren, Schleiern und Seidentüchern müssen ordentlich drapiert und aufgehängt werden, ehe die Leiche zum Verbrennen aus der Umhüllung geholt wird, die Priester letzte Gebete anstimmen. In der Zwischenzeit kommt so etwas wie Picknickstimmung auf.

Alle Beteiligten, Einheimische wie Touristen, lagern auf der umliegenden Wiese. Getränke- und Eisverkäufer streifen umher, um ihre Erfrischungen loszuwerden. Frauen schleppen auf dem Kopf große Stapel von schön gefärbten Batiktüchern, billigen T-Shirts oder Hüten aus Reisstroh herbei. Dazu kommen das Stimmengewirr und die Gamelan-Musik. Es ist wie auf einem großen Basar!

Die Balinesen finden das völlig in Ordnung, denn der Tod und die Verbrennung beseitigen nur den Körper. Die Seele hingegen findet durch die Flammen den Weg in den Himmel. Und auch dort bleibt sie nicht, denn nach dem Glauben der Hindus folgt danach die ewige Wiederkehr in Menschen- oder in Tiergestalt. Und viele der Hinterbliebenen denken: «Der oder die Verstorbene hat's gut. Bald beginnt für ihn oder sie das ewige Leben.» So völlig verschieden von unserem Glauben ist das auch nicht. Selbst das Paradies als Endstation existiert bei den Hindus. Sie nennen es Nirwana.

Irgendwann springt dann unter dem Verbrennungsturm die erste Flamme empor. Früher wurde sie noch mit einem Brennglas erzeugt. Heute nehmen sie bei der Verbrennung vornehmer Toter ein Gasdruckgebläse. Das faucht mächtig los, und die Flammen schlagen rasch so hoch und verbreiten eine so irre Hitze, dass die Umsitzenden einige Meter abrücken. Ich habe dabei einen vornehm gekleideten Verwandten bewundert, der in dem Turm emporgeklettert war und die Verbrennung mit der Videokamera festgehalten hatte, bis ihn fast die Flammen erreichten und einschlossen. Du siehst, die einst so unterschiedlichen Völkerschaften lernen voneinander.

Die Verbrennung geht eigentlich sehr rasch vonstatten.

Und nachdem sich schließlich die Hinterbliebenen und alle Gäste auf den Heimweg gemacht haben, wird die Asche der Verbrannten sorgfältig gesammelt. Liegt das Meer in der Nähe, wird sie dort hineingestreut. Sonst genügt es auch, die Asche der Verbrannten in den nächstgelegenen Flusslauf zu schütten.

Du siehst, ein vielleicht trauriges Kapitel über den Tod, der auch recht lebendig verlaufen kann.

Alles Gute und bis bald,
dein Horst

Der Charme der Wartehalle

Denpasar, den 22. Dezember

Lieber Sohn,
das Gepäck ist verstaut. Die Zeichenblöcke sind voll. Die letzten Skizzen kritzle ich aus Verzweiflung schon auf leere Zeitungsränder. Wenn alles gut geht, schafft es das Flugzeug, schaffe ich es, bis Heiligabend wieder daheim zu sein. Die Reise war toll, aber noch lieber fliege ich jetzt nach Hause.

In den letzten Jahren haben mich Freunde und Bekannte immer wieder gefragt: «Du bist nun so viel in der Welt rumgefahren, wo würdest du denn am liebsten leben?» Und sie haben dann immer ziemlich verblüfft, manche auch etwas enttäuscht aus der Wäsche geschaut, wenn ich ihnen meine Hamburger Adresse nannte. «Was, nicht einmal in Bali würdest du bleiben wollen?!» – «Nein!»

Und warum, kann ich dir ziemlich kurz erklären: Jetzt wird es noch etwas politisch. Alle Deutschen können, das nötige Kleingeld vorausgesetzt, jederzeit nach Indonesien reisen. Aber schau dich mal um, wie viele Indonesier du hier bei uns triffst. Da musst du ganz schön suchen. Nur ganz wenige Reiche und Superreiche von dort kommen überhaupt außer Landes. Schon einen Reisepass zu erwerben macht ungeheure Schwierigkeiten, verlangt Beziehungen, frisst fette Bestechungsgelder. Mit der persönlichen Freiheit in Indonesien ist das auch so eine Sache. Wer die Militärregierung anmeckert und kritisiert, landet ganz schnell hinter Gittern. Zeitungsleute, Gewerkschafter, die gegen Versammlungsfreiheit, Redefreiheit und Zensur aufmucken, kriegen sehr schnell und nachhaltig den Mund gestopft. Unbequeme Zeitungen werden von einem Tag zum anderen, oft für immer, verboten. Oppositionelle, also kritische Geister, die mit der Regierung nicht einverstanden sind, können für Jahre verschwinden. Einzelpersonen, die gar in den Verdacht geraten, «Kommis» (= Kommunisten) zu sein, sitzen schon seit 20 Jahren in der Todeszelle. Berühmte Autorinnen und Autoren, deren Bücher vereinzelt bei uns herausgekommen sind, haben Ewig-

keiten in ihrem eigenen Land gegen Publikationsverbote ankämpfen müssen.

In der Zeitung steht ab und zu etwas über Ost-Timor. Das grenzt direkt an Papua-Neuguinea. Seit einem Vierteljahrhundert halten die Indonesier dieses Gebiet, das vorher die Portugiesen beherrschten, völkerrechtswidrig besetzt. Um die wiederholten UN-Proteste und darum, dass ein dortiger Bischof den Friedensnobelpreis erhielt, kümmern sich die Offiziellen Indonesiens einen feuchten Dreck. Bei Protestversammlungen, Streiks und Demos wird rücksichtslos zugeschlagen und geschossen. Ich fürchte, allein schon wegen meiner fast harmlos klingenden Müll- und Öko-Meckereien würde dieses unschuldige Büchlein hier nie in Indonesien erscheinen können!

Du kannst dir leicht vorstellen, warum Greenpeace über den Raubbau der Indonesier schon mehr als einmal ausgeflippt ist und warum Amnesty International dem Staat Indonesien Jahr für Jahr wegen Menschenrechtsverletzungen die rote Karte zeigt. Deutschland und Indonesien haben trotzdem beste Beziehungen zueinander. Denn wegen der reichen Erdöl- und Gasvorkommen und der technologischen Hilfen lassen sich prima Geschäfte mit «denen dahinten» treiben. Ausgemusterte Waffen, U-Boote und schrottreife Fregatten werden in jenem fernen Inselreich mit Kusshand abgenommen.

Ich hör auf, weil gerade mein Flug nach Frankfurt am Main aufgerufen wird. Auch die Briefmarke und den Umschlag kann ich mir sparen. Schließlich bin ich schneller zu Hause als die Post und kann dir den Schrieb persönlich in die Hand drücken.

Trotzdem grüß ich dich als liebender Vater

Was ich so alles in den Rucksack stecke

Von Schreib- und Malzeug war schon in einigen Briefen die Rede. Vielleicht einen Kamm oder eine winzige Mundharmonika, eine Maultrommel mitnehmen? Wiegt alles nicht viel. Eine Sonnenbrille. Leeres Tagebuch, Stifte, kleiner Tuschkasten, Pinsel.

Ein paar Klamotten zum Wechseln, Unterwäsche, möglicherweise ein Flanellhemd, einen leichten Pullover, wenn du in die Berge steigen, auf die Vulkane krabbeln willst.

Heftpflaster, Verbandszeug, Malaria-Tabletten, nur für den Notfall, elastische Binde, für den Fall, dass sich jemand den Knöchel verstauchen sollte.

Sehr gutes Sonnenschutzmittel, Schutzfaktor 16 bis 20, und Zinksalbe. Mütze mit Schirm und Nackenschutz. Ein großes Stück Plastikfolie, falls es einmal zu gießen beginnt – dann schüttet's nämlich wirklich gewaltig. Einen leeren Müllsack (um deinen Rucksack hineinzustopfen). Zwei bis drei T-Shirts (kannst du dort billiger kaufen), Schnorchel und Taucherbrille, Schwimmflossen, Baumwollhandschuhe.

Stabile Trekking-Boots, sonst rennst du wochenlang, weil's so schön warm ist, in Shorts, kurzärmeligem Hemd und barfuß in Flip-Flops (Tongs oder Plastik-Badelatschen) herum.

Etwas zum Lesen: einen dicken Band mit Comics oder Krimis; eine Badehose, zwei Paar Socken und einen kleinen Tagesrucksack (gibt's dort auch sehr billig). Luftpostumschläge und leichtes Briefpapier. Jeder freut sich über Nachrichten.

Eine kleine Schere, ein bisschen Waschzeug, eine Nagelfeile, Kugelschreiber, Klebeband, Wundsalbe oder antiseptisches Spray (für den Fall, dass du dich mal aufratschst, was heikel werden kann), kleine Kamera und Filme.

Glossar

Bali	5600 km² große Insel, bekanntestes Touristenziel in Indonesien
Barong	größerer Dämon, hinter dessen Maske, in dessen Gewand immer zwei Personen schlüpfen
Bemos	indonesische Minibusse, meistens überfüllt
Bejaks	Motorrikschas, wie →Bemos meistens überfüllt
Caldera	große und kleine vulkanische Einsturzkrater
Dalang	Puppenspieler des →*Wayang Kulit*
Denpasar	Verwaltungshauptstadt von Bali
Fumarolen	schwefelhaltige Dämpfe in Verbindung mit aktiven Vulkanen und nach Ausbrüchen
Gamelan	verschieden große, handgeschmiedete Kupfergongs und ein großes aufgehängtes Becken. Diese Instrumente bilden zusammen das Gamelan-Orchester
Hanuman	Affengott
Hinduismus	aus Indien stammender Vielgötterglaube, der sich auch weiter ostwärts ausgebreitet hat
Indonesien	fünftgrößter Staat der Welt, aus 13 677 Inseln bestehend

Killervulkane	aktive Vulkane, bei deren Ausbrüchen Menschen und Tiere umkamen. Bei uns in Europa waren und *können* Vesuv und Ätna als Killervulkane bezeichnet werden. Indonesien hat noch viel mehr Killervulkane, darunter *Krakatau*, Semeru, Rakata, Merapi, Bromo und Gunung Agung, letzter auf Bali gelegen.
Kris	großes Spezialmesser
Komodo-Warane	die größten Echsen der Welt, «Drachen», auch auf den Nachbarinseln anzutreffen
Krakatao (Krakatau)	siehe Killervulkane
Legongtänzerin	kann nur bis zum 13. Lebensjahr die sehr komplizierten Tanzfiguren vorführen
Machete	(spanisch) Buschmesser mit langer, breiter, starker Klinge
Mahabaratha	alte Geschichte von Macht und Neid, Streit zwischen Fürsten und Göttern, siehe auch Ramayana
Mangroven	Bäume am Küstensaum, die trotz Salzwassers gedeihen und die Küste schützen
Monsun	wichtig für Reisanbau und Ernte. Bleibt er aus oder verschiebt er sich, hat das katastrophale Folgen wie Dürre, Missernte oder erhöhte Waldbrandgefahr
Monsunasien	im trockenen Winter wehen Staubwinde vor allem aus Nordosten vom Land aufs Meer. Im Frühling und Sommer hingegen kommen feuchtheiße Winde vom Meer aufs Land.

Ramayana	alte Geschichte von Königsfamilien und dem Wirken der Götter
Regenwälder	sind durch Raubbau und Brandrodung schwer gefährdet. Der Verlust der Regenwälder zieht einschneidende Klimaveränderungen nach sich. Siehe auch Monsun
Sundainseln	ältere geographische Bezeichnung des heutigen Indonesiens. Bali liegt im Grenzbereich der kleinen und großen Sundainseln. Südlich der Sundainseln erstreckt sich der Sundagraben mit mehr als 7000 m Wassertiefe
Tsunami	(japanisch) oft meterhohe, alles zerstörende Wogen nach Seebeben, häufig in Verbindung mit Vulkanausbrüchen
Wayang Kulit	indonesisches Puppenspiel mit Figuren aus gepresstem Büffelleder

Sprachführer

Guten Morgen	selamat pagi
Guten Tag	selamat siang
Auf Wiedersehen	selamat sore
okay, schön, ist gut	baik, bagus
Wie spät ist es?	jam berapa?
Wie heißen Sie (er)?	apa nama tuan?
Wie heißen Sie (sie)?	apa nama nyonya?
Ich heiße ...	nama saya ...
Ich lebe in ...	saya tinggal di ...
Ich komme aus Deutschland	saya (datang) dari jerman
Sprechen Sie Englisch/Deutsch?	anda berbicara Bahasa Inggris/Jerman?
Wo ist der, die, das ...?	(di) mana ...?
Ich möchte essen/trinken	saya ingin makan/minum
Ich hätte gerne etwas zu trinken	saya mau minum
Das Essen schmeckt köstlich	makanan enak sekali
Was kostet das?	berapa harga?
Das ist zu teuer	itu terlalu mahal
Haben Sie etwas Billigeres?	ada yang lebih murah?
Können Sie mit dem Preis etwas heruntergehen?	harap turun sedikit?
Was ist das?	apa ini?/apa itu?

Ich verstehe (nicht)	saya (tidak) mengerti
Ich weiß nicht	saya tidak tahu
Wie heißt dies auf Indonesisch?	Bahasa Indonesianya apa?
Bitte helfen Sie mir	Tolonglah saya!
Kann man hier gefahrlos schwimmen?	aman berenang disini?
Achtung! Vorsicht!	awas! hati-hati!
Frau, Frauen	perempuan *oder* wanita
Mann, Männer	laki-laki
Menschen	Orang Orang
Menschenaffe, Waldmensch	Orang Utan

Kleine Hai- und Vulkan-Bücherei

Wenn dich die Briefe über Haie und die feuerspeienden Berge neugierig gemacht haben und du jetzt mehr wissen willst, dann gibt es dazu ganze Regale voller interessanter Auskünfte. Ich nenne nur eine Auswahl der wichtigsten. Keine Bange, riesig viel zu lesen gibt es da nicht, dafür umso mehr zu betrachten und zu bestaunen. Denn die meisten Titel sind reich mit Fotos, Zeichnungen, Karten und Grafiken ausgestattet.

Und wenn du dir lieber gleich bewegte Bilder ins Haus holen willst, sind auch noch einige CD-ROMs mit genannt. Aber die kannst und sollst du nicht alle kaufen, schließlich gibt es ja prima Bibliotheken, und in gut ausgestatteten Videotheken findest du auch sehr spannende Videos.

Haie, Haie usw.

Campbell, Eric: Die Haie greifen an. Wien: Ueberreuter 1995.
Cleave, Andrew: Haie. Köln: Parkland Verlag 1994.
Dröscher, Vitus B: Haie und Rochen. Nürnberg: Tessloff 1993.
 (Was ist Was? Bd. 95)
George, Jean Craighead: Haie am Riff. Würzburg: Arena 1994.
 (Arena Tb. 1740)
Haie. Großtiere dieser Welt – Junior Ausgabe. Hamburg: Jahr
 Verlag 1991.
Hass, Hans/Eibl-Eibesfeldt, Irenäus: Wie Haie wirklich sind.
 München: Deutscher Taschenbuch Verlag 1986. (dtv Sachb.
 10574)

Henke, Carola: Haie, Wale und Delphine. Ravensburg: Ravensburger Buchverlag 1997. (Ravensb. Tb. 4153)
MacQuitty, Miranda: Haie. Die erstaunlichsten Arten aus aller Welt. Urzeitliche Vorfahren, Lebensweise, Verhalten. Hildesheim: Gerstenberg 1993. (Sehen – Staunen – Wissen)
Mojetta, Angelo: Haie. Biografie eines Räubers. Hamburg: Jahr Verlag 1997.
Steele, Philip: Haie und andere Ungeheuer des Meeres. Nürnberg: Tessloff 1991. (Schau und lies deine Welt)

Untergetaucht

Brandt, Ronald: Tauchen verständlich gemacht. München: Copress 1995.
Kucher, Herbert/Richter, Rudolf: Tauchen für Einsteiger. Mit Maske, Schnorchel und Flossen. Berlin: Sportverlag 1991.

Vulkane in aller Welt

Bauer, Ernst W.: Feuer, Farben und Fontänen. Bilder aus der Welt der Vulkane. Stuttgart: Theiss 1994.
Decker, Robert/Decker, Barbara: Die Urgewalt der Vulkane. Von Pompeji zum Pinatubo. Weyarn: Seehamer 1997.
Edmaier, Bernhard/Jung-Hüttl, Angelika: Vulkane. Wo die Erde Feuer und Asche spuckt. München: BLV 1994.
Hug-Fleck, Christof J.: Die ruhelose Erde. Vulkane und ihre Entstehung. (Kleines Handbuch des Vulkanismus). Hannover: Landbuch 1988. (LB-Naturbücherei)
Johnson, Carl/Weisel, Dorian: Vulkane. Bindlach: Gondrom 1997.

Krafft, Maurice: Vulkane. Farb. Abb. v. Galeron, Henri/Valet, Pierre. Hrsg. v. Veit, Barbara/Wolfrum, Christine. Ravensburg: Ravensburger Buchverlag 1995. (Ravensb. Die Welt entdecken)

Reichardt, Hans: Vulkane. Nürnberg: Tessloff 1975. (Was ist Was? Bd. 57)

Rose, Susanna van: Vulkane. Die faszinierende Welt der feuerspeienden Berge. Erdbeben, Geysire und Schlammkessel. Hildesheim: Gerstenberg 1993. (Sehen – Staunen – Wissen)

Vulkane. Aus d. Engl. v. Droste, Anja. 1 Diskette oder 1 CD-ROM (Interfact) Düsseldorf: Patmos 1998.

Der Autor bei einer Expedition zu einem noch aktiven Vulkan in Neuseeland.

Horst Künnemann, 1929 in Berlin geboren, war lebenslänglich Lehrer an Volks-, Real- und Fachschulen in Hamburg. Er hat fünf Kinder, von denen Tim das jüngste ist. Horst Künnemann hat sich viel und gern in aller Welt herumgetrieben, er war allein viermal in Indonesien.

Als Autor schrieb er Texte für Bilderbücher, Phantasiegeschichten und Sachbücher. Als Kritiker für Kinder- und Jugendbücher bei großen inländischen und ausländischen Fach-, Tages- und Wochenzeitungen war er Mitbegründer des Monatsmagazin «Bulletin Jugend & Literatur». Darüber hinaus arbeitete er an wichtigen Standard- und Nachschlagewerken zur Kinder- und Jugendliteratur mit. Andere Titel: Kinder und Kulturkonsum (1972), Profile zeitgenössischer Bilderbuchmacher (1972, 2 Bände ff.)

... und das ist **Tim**, der zum Zeitpunkt der letzten Balireise 13 Jahre alt war.